Friedrich List

Über ein sächsisches Eisenbahn-System als Grundlage eines allgemeinen deutschen Eisenbahn-Systems

ISBN/EAN: 9783944351025

Auflage: 1

Erscheinungsjahr: 2013

Erscheinungsort: Bremen, Deutschland

@ Technikverlag in Access Verlag GmbH, Fahrenheitstr. 1, 28359 Bremen. Alle Rechte beim Verlag und bei den jeweiligen Lizenzgebern.

Friedrich List

Über ein sächsisches Eisenbahn-System als Grundlage eines allgemeinen deutschen Eisenbahn-Systems

Technik Verlag

Einleitung.

In Leipzig wurde im Jahre 1833 eine Aufsehen erregende Broschüre in 500 Exemplaren an alle Behörden des Staates, der Stadt und an alle Einwohner, die einen Einfluß im öffentlichen Leben hatten, verteilt mit dem Titel: „Über ein sächsisches Eisenbahnsystem als Grundlage eines allgemeinen deutschen Eisenbahnsystems, und insbesondere über die Anlegung einer Eisenbahn von Leipzig nach Dresden von Friedrich List." — Wer war Friedrich List? Als der Sohn eines Weißgerbers 1789 in der Reichsstadt Reutlingen geboren, war er im Heimatlande schnell im Staatsverwaltungsdienste emporgestiegen, und seine Fähigkeiten und eigenartige Persönlichkeit machten bald die leitenden Männer Württembergs auf ihn aufmerksam. Seit 1817 hatte er als Professor der Staatskunde und Staatspraxis in Tübingen gewirkt, von wo er infolge eines Systemwechsels in der württembergischen Regierung schon im nächsten Jahre weichen mußte; der Sturz des liberalen Ministers von Wangenheim, eines unserer besten Staatsmänner, zog den seinen bald nach sich. Seine Vaterstadt Reutlingen wählte ihn darauf zum Abgeordneten in die Ständeversammlung, um einen unerschrockenen, energischen Vertreter ihrer Beschwerden gegen eine ungerechte, harte Verwaltung zu haben. Diese Erwartung rechtfertigte er vollständig, wenn auch zu seinem eigenen Schaden. Wir müssen uns versagen, auf die Thätigkeit Lists in der Ständeversammlung einzugehen, auf seinen Kampf gegen eine verknöcherte Bureaukratie, auf die Verfolgungen und Leiden, die er zu bestehen hatte, und die nicht einmal mit seiner Ausstoßung aus dem Lande endigten, sondern sich jenseits des Rheins fortspannen und später erneuerten. Dieser Teil seiner Lebensarbeit ist zwar wichtig genug, da er List, abgesehen davon, daß ein entscheidender Einfluß auf seinen Lebensweg durch den Verlauf der Angelegenheit ausgeübt wurde, uns das einzige Mal in seinem Leben im politischen Parteikampfe zeigt und zwar auf der Seite des Liberalismus gegen die württembergische Reaktion, indessen müssen wir uns versagen, darauf des Näheren einzugehen. Viel mehr treten die Grundsätze und Anschauungen, die sein späteres Wirken bestimmten, in seiner Thätigkeit als Konsulent des deutschen Handelsvereins, der seine eigene Schöpfung war, zu Tage, und wenn man Motz, Maaßen, Eichhorn, Nebenius als die geistigen Urheber des Zollvereins bezeichnet, so sollte man auch Friedrich List nicht vergessen, der unter der Fülle widersprechender Meinungen, wie man das, von allen mehr oder weniger klar erkannte, oder auch nur instinktiv gefühlte Ziel einer deutschen Handelsvereinigung erreichen könne, den rechten Weg deutlich vor sich sah. Entscheidend für sein ganzes künftiges Leben war die Bekanntschaft mit Lafayette in Paris, der ihn aufforderte, mit ihm nach Nordamerika zu gehen, eine Einladung, der zu folgen er sich 1825 entschloß. Die Aufnahme, die er in den leitenden Kreisen dort fand, war über Erwarten freundlich, und die Freiheit des amerikanischen Lebens, die rasche Entwicklung, die sich vor seinen Augen vollzog, die praktischen Unternehmungen, die er selbst durchführte, sowie der kühne, weitsichtige Geist, mit dem man große Fragen zu lösen pflegte, alles dies brachte seine Anschauungen zur völligen Reife. Was er theoretisch als richtig erkannt hatte, konnte er hier in der Praxis prüfen, und er selbst schreibt über den Einfluß, den diese Zeit auf ihn gehabt hat, in der Einleitung zu seinem „nationalen Systeme der politischen Ökonomie": „Als mein Geschick mich nach Nordamerika führte, ließ ich alle Bücher zurück; sie hätten mich nur irre leiten können. Das beste Werk, das man in diesem neuen Lande über politische Ökonomie lesen kann, ist das Leben." Mit welchem Erfolge er dies gethan hat, zeigen die 1827 erschienenen „Briefe über die kosmopolitische Theorie der Ökonomie", die ihn mit einem Schlage in ganz Nordamerika bekannt machten und ihm das brachten, was ihm sein Heimatland vorher und nachher fast gänzlich versagte, eine unumwundene freudige Anerkennung.

Auch materiell befand er sich durch die Ausbeutung eines von ihm entdeckten Kohlenlagers, dessen er in der vorliegenden Broschüre ausführlich Erwähnung thut, in guter Lage, und wäre wohl bald ein reicher Mann geworden.

Der Gedanke, die Kohlen durch eine Vermehrung der Verkehrsmittel auch gewinnbringend zu verwerten, veranlaßte ihn, das Eisenbahnwesen möglichst genau zu studieren, und so spannen sich hier die Pläne an, seinem Vaterlande die Wohlthat eines organisierten Verkehrs zu gute kommen zu lassen. Nicht für seine Person wollte er in Amerika für ein ausgedehntes Transportsystem eintreten, nein, er sehnte sich in die Heimat zurück, in ihr und zu ihren Gunsten seine Studien und reichen Erfahrungen zu verwerten. „Im Hintergrunde aller meiner Pläne," schreibt er 1828, „liegt Deutschland, die Rückkehr nach Deutschland, mitten in den Wildnissen der blauen Berge träumte mir von einem deutschen Eisenbahnsystem; es war mir klar, daß nur durch ein solches die Handelsvereinigung in volle Wirksamkeit treten könne." So trieb ihn — ein tragisches Geschick — der heiße Wunsch, dem Vaterlande zu helfen, die Pläne, die er von Amerika aus schon dem Königlichen Maschinenbaudirektor v. Bader entwickelt hatte, zu verwirklichen, aus einer gesicherten Lebenslage in den unsicheren Kampf zurück. 1832 siedelte er wieder gänzlich nach Europa über.

Von da beginnt List eine wahrhaft großartige Thätigkeit für die Errichtung eines „nationalen Transportsystems" in Deutschland, für den Zollschutz zur Stärkung der heimischen Industrie; großartig vor allem deshalb, weil er ohne allen Rückhalt einer festen und gesicherten Stellung — sein Vermögen verlor er bald wieder — ja anfangs ohne nennenswerte Anhängerschaft wirkte. Zwar waren auch die Pläne zu Eisenbahnbauten schon in anderen Köpfen aufgetaucht und man machte auch hier und dort praktische Versuche, aber was war das alles gegen die Auffassung Lists von der Sache und seine Art der Propaganda.

In der Geschichte unseres Verkehrswesens laufen zwei Strömungen nebeneinander, von denen bald die eine, bald die andere die Oberhand hat; es handelt sich von Anfang an und noch heute um die Frage: ob Eisenbahnen oder Binnenschiffahrtskanäle gebaut werden sollen. In den zwanziger Jahren unseres Jahrhunderts gewannen die Anhänger des Eisenbahnbaues die Oberhand, heute haben die Kanalfragen wieder eine große Bedeutung erlangt. In England war 1825 die kleine Kohlenbahn von Stockton nach Darlington für Dampfbetrieb beendet; das Projekt einer Eisenbahn von Liverpool nach Manchester fiel Dank des Widerstandes der Kanalbesitzer und ging erst 1826 durch; das größere Projekt einer Bahn von Liverpool nach Birmingham unterlag aber sowohl 1825 als 1826. Infolge dieser Vorgänge schlug Friedrich Harkort 1826 vor, Elberfeld, Köln und Duisburg mit Bremen oder Emden zu verbinden, um Hollands schikanöse Zollpolitik lahmzulegen. Aber wenig später finden wir auch bei Niebuhr ähnliche Gedanken; der Provinzialsteuerdirektor Krüger in Münster entwarf 1826 den Plan zu einer Weser-Rhein-Bahn; 1827 und 1828 beschäftigten sich auch die Regierungen mit Eisenbahnprojekten. „Der Erfolg waren bezeichnenderweise einige Pferdebahnen." 1830 wurde die Bahn Minden-Köln vom westfälischen Landtage angenommen und 1845 ausgeführt. — 1814 aber, also lange vor Harkort, der Friedrich List die Priorität streitig macht, hatte von Baader in Bayern die Verbindung von Nürnberg mit Fürth angeregt und 1819 wurde in der bayrischen Kammer der Plan laut, den Rhein mit der Donau zu verbinden, was aber an dem Kanalprojekte in gleichem Sinne scheiterte. Zuerst kam dann doch die Eisenbahn Nürnberg-Fürth zur Ausführung, die 1835 eröffnet wurde; die bayrische Regierung hatte von den 132,000 Gulden Anlagekapital bezeichnenderweise zwei Aktien im Gesamtbetrage von 200 Gulden gezeichnet. An den bayrischen Bahnprojekten hatte Friedrich List schon seit 1827 Anteil von Amerika aus. Übersehen wir aber auch alle diese Pläne und Plänchen, alle beziehen sie sich auf Lokalbahnen und die Anlage einzelner Linien. Was sind jene kümmerlichen Bemühungen im Vergleiche zu dem Plane, den Friedrich List verfocht! Einzelne kleine Strecken konnten höchstens für List als Versuchsobjekte Interesse haben und daher ging er nach Leipzig, um, wie er sich ausdrückte, „in der Herzkammer des deutschen Binnenverkehrs, des Buchhandels und der Fabrikindustrie" für das deutsche Eisenbahnwesen zu wirken. Der erste positive Erfolg wurde mit dem Bau der Leipzig-Dresdener Eisenbahn erzielt. Nachdem sich List über die wirtschaftlichen und Bodenverhältnisse des Landes orientiert und einen kleinen Kreis von Kaufleuten und Gelehrten seinen Plänen günstig gestimmt hatte, trat er mit der vorliegenden Schrift auf den Plan: „Über ein sächsisches Eisenbahnsystem als Grundlage eines allgemeinen deutschen Eisenbahnsystems und insbesondere über die Anlegung einer Eisenbahn von Leipzig nach Dresden." Die Schrift ist ein Muster der trefflichen Art, wie List seine Gedanken zu vertreten, vorgefaßte Meinungen umzustimmen und Unkenntnis zu beseitigen wußte, und daher besonders geeignet zur erneuten Herausgabe; trotzdem sie eine lokalgeschichtliche Bedeutung zunächst hat, ist sie vor allem ein Denkstein in der Geschichte des deutschen Verkehrswesens. Nicht nur, daß sie durch praktische Nüchternheit, durch reiches statistisches Material und Berufung auf die amerikanischen Erfahrungen Lists Vertrauen erwecke, es lag über ihr, wie über all seinen Schriften und seinem Handeln, der Hauch einer idealen Begeisterung, die nicht am Kleinen, am Einzelnen hängt, sondern mit genialem Blicke das Ganze umfaßt. Die Schrift vertrat, wie der Titel sagt, den Plan einer Leipzig-Dresdener Eisenbahn, aber nur als **Ausgangspunkt eines allgemeinen deutschen Eisenbahnnetzes**, dessen Grundzüge auf einer kleinen, äußerst primitiven und doch für List so bezeichnenden Art zur Darstellung gebracht sind. Solche Pläne zu entwerfen, mit so schlichten, einfachen Zügen ganz Deutschland mit einem Netze von Bahnen zu umspannen, hatte noch niemand auch nur in Gedanken gewagt, und es ist klar, daß ein so kühner Gedanke wohl hie und da Begeisterung, meist aber starkem Zweifel und Widerspruch begegnete; er erschien den zaghaften Philistern zu „amerikanisch".

Ein List wohlwollender Buchhändler schrieb über ihn: „Sein reger Geist und seine Persönlichkeit haben mir Vertrauen und Achtung eingeflößt, aber vom ersten Augenblicke unserer Bekanntschaft an habe ich gefunden, daß er gerne Luftschlösser baut, und alles im voraus schon so glänzend ausgeführt sieht, wie er es erwartet. Seine Erwartungen sind überspannt und da erst die Zukunft ihn widerlegt, so muß man schweigen." Das waren die Urteile seiner Freunde, wie mögen die seiner Feinde gelautet haben! Trotzdem, wie wir gesehen haben, die Eisenbahnfrage an vielen Orten diskutiert wurde, herrschte doch eine, nach Lage der Sache nicht wunderbare Zerfahrenheit und Unklarheit über diesen Gegenstand und zwar noch auf lange Zeit hinaus. Dafür nur ein Beispiel. In der deutschen Vierteljahrsschrift, Jahrgang 1841, findet sich ein weitschweifiger Aufsatz eines offenbar hochgelehrten Nationalökonomen, der die Frage des Staatsbahnbaues ventiliert. In diesem Aufsatze sind falsche und richtige Erwägungen bunt durcheinandergemengt und es finden sich folgende Stellen darin, die ganz offen gegen List polemisieren:

„Eisenbahnen zeichnen sich vor anderen Transportmitteln, an denen in Deutschland kein Mangel ist, hauptsächlich durch die größere Geschwindigkeit aus. Die größere Wohlfeilheit, die übrigens nur unter gewissen Einschränkungen stattfindet, kann wenigstens bei nicht rentierenden auf Staatskosten angelegten Eisenbahnen nicht angeführt werden, weil bei denselben der Staat einen Teil der Transportkosten übernimmt. Um aber den Wert der größeren Geschwindigkeit zu bestimmen, muß man zwischen Personen- und Warentransport unterscheiden.

Was vorerst den Warentransport betrifft, so hat es mit den meisten Waren keine solche Eile, daß ihre Versendung nicht ohne allen Nachteil auf den gewöhnlichen Wegen geschehen könnte. Zu den Waren, deren schneller Transport wünschenswert ist, gehören hauptsächlich solche, die durch einen langsamen Transport dem Verderben ausgesetzt sind, z. B. Eßwaren. Die meisten übrigen Waren, z. B. Zucker, Kaffee, andere Kolonialwaren, Rohstoffe, Manufakturprodukte u. s. w. gelangen auf den bisherigen Wegen schnell genug an den Ort ihrer Bestimmung, wenn sie zu rechter Zeit bestellt und abgeschickt werden. Für die wenigen Waren, bei denen der schnelle Transport von Wert sein kann, möchte übrigens die Versendung durch Eilwagen, Eilfrachtfuhren und Dampfschiffe jede wünschenswerte Geschwindigkeit gewähren; dergleichen Eilwagengüter sind gewöhnlich von geringem Gewicht und wertvoll genug, um die höhere Fracht zu ertragen. Insoweit aber die Beschleunigung des Transports bloß dem Spekulationshandel — der Wette auf Auf= und Abschlag Vorschub leistet, kann man der Eisenbahnen füglich entbehren, indem dergleichen Wetten, als unproduktiv, in nationalökonomischer Beziehung gleichgültig, wenn nicht gar schädlich sind, und im übrigen das Verhältnis der Wettenden unverändert bleibt, ob die Warenversendung mit gleicher Langsamkeit oder mit gleicher Geschwindigkeit geschieht.

Überhaupt wäre unseres Erachtens vorerst zu zeigen, daß die Langsamkeit des Warentransports der Entwicklung der Nationalindustrie bisher hinderlich gewesen sei. Der Mangel an Absatz, über den man Fabrikanten hier und da klagen hört, rührt wohl selten davon her, daß sie Waren nicht schnell genug auf den Markt zu bringen, oder die Rohstoffe nicht schnell genug herbeizuschaffen vermögen, sondern der Grund liegt einfach darin, daß der Markt überführt ist.

Wird er es aber weniger sein, wenn die Waren schneller dahin gebracht werden? Wollte man hiergegen den lebhaften Warenverkehr zwischen Liverpool und Manchester anführen, so ist darauf zu erwidern: Wenn wir erst ein Liverpool und Manchester haben, wird sich eine Eisenbahn von selbst geben, ohne daß der Staat ein Opfer zu bringen hätte; durch die Anlegung einer Eisenbahn aber werden wir kein Liverpool und Manchester schaffen.

Der Accent wird aber, und das mit Recht, auf den Personen=

Transport gelegt. Dieser ist es, durch den der Ertrag einer Eisenbahn gesichert werden muß, und die Waren, namentlich die schweren sind gewissermaßen der Ballast, dessen Transportkosten großenteils durch den bei der Personenfracht sich ergebenden Überschuß gedeckt werden müssen. Beim Personentransport kommt es aber darauf an, zu welchem Zweck die Eisenbahnen benutzt werden, ob nämlich bloß zum Vergnügen oder zu Reisen in Geschäften, nämlich zu industriellen und anderen nützlichen Zwecken. Was die Geschäftsreisen betrifft, so ist wohl selten soviel daran gelegen, daß die Reisenden mit der Geschwindigkeit der Eisenbahnen dahin befördert werden, wohin ihre Geschäfte sie rufen können. Die meisten Geschäfte lassen sich schriftlich abmachen, und es wäre Zeit- und Geldverschwendung, wenn man dem schriftlichen Verkehr den persönlichen ohne Not substituieren wollte. Diejenigen Geschäfte aber, die sich nur persönlich abmachen lassen, haben gewöhnlich keine solche Eile, daß nicht die bereits bestehenden, auf möglichst schnelle Beförderung der Reisenden berechneten Einrichtungen einen hinreichenden Grad von Schnelligkeit gewährten. Die durch die Geschwindigkeit bewirkte Zeitersparnis kommt ebenfalls nur bei wenigen Personen in Betracht, und die Personen, deren Zeit so kostbar ist, daß die Differenz der Eisenbahngeschwindigkeit und der Eilwagengeschwindigkeit für sie großen Wert hätte, sind in den meisten Orten unschwer zu zählen.

Sodann fragt sich immer noch, ob die Eile, mit der gereist wird, eine nationalökonomische Bedeutung hat, wohin wir wenigstens die Reisen bloßer Spekulanten, deren Handel nur in der Wette auf Auf- und Abschlag besteht, in keinem Falle zählen möchten. Um der wenigen Geschäftsreisenden willen aber, denen an möglichst schneller Beförderung gelegen sein kann, wird man nicht verlangen, daß der Staat Millionen zum Opfer bringe. Bei denen, welche bloß zum Vergnügen reisen, hat die Geschwindigkeit des Transports nur insofern Wert, als dadurch die Lust zum Reisen und somit die Zahl der Reisenden vermehrt wird. Die Eisenbahnen befördern sonach die Vergnügungssucht und vermehren den Geldumlauf und die Konsumtion."

Selbst die Anschauungen der sächsischen maßgebenden Kreise waren trotz aller Agitation Lists nicht vollständig klar und blieben auch noch lange ungeklärt. In einer Mitteilung der sächsischen Regierung an die Ständeversammlung 1863/64 heißt es: „Man erblickte in der damals projektierten Bahn zunächst nichts weiter als ein Mittel zur schnelleren und besseren Verbindung zwischen Leipzig und Dresden und dachte an die Möglichkeit, daß sie nur das erste Glied eines allgemeinen Eisenbahnnetzes werden könnte und überhaupt an die Wichtigkeit des Eisenbahnwesens so wenig, daß der Staat sich nicht einmal das Recht des Ankaufes oder Anheimfallens nach einer gewissen Reihe von Jahren vorbehielt." Und dies, trotzdem List auf den Titel seiner Broschüre die Worte gesetzt hatte: „als Ausgangspunkt eines allgemeinen deutschen Eisenbahnsystems".

Diesen verworrenen Ansichauungen halte man nun den Aufsatz gegenüber, den Friedrich List im Staatslexikon von Rotteck und Welcker im Jahre 1837 veröffentlichte unter dem Titel: „Eisenbahnen und Kanäle." Er beginnt mit dem knappen, klaren Satze: „Der wohlfeile, schnelle, sichere und regelmäßige Transport von Personen und Gütern ist einer der mächtigsten Hebel des Nationalwohlstandes und der Civilisation nach allen ihren Verzweigungen." List erörtert nun genau an der Hand eines großen statistischen Materials die Vorzüge und Nachteile des Schiffahrts- und Eisenbahnverkehrs und zwar nicht nur für Personen, sondern auch für Güter aller Art; er setzt auseinander, welche Güter vorteilhafter zu Schiff, welche besser per Achse zu befördern seien. Die Frage, ob Kanäle oder Eisenbahnen, beantwortet er dahin: „So wenig eine unvollkommene Flußschiffahrt die Lateralkanäle überflüssig macht, so wenig schließt ein Kanal die Anlegung einer mit ihm parallel laufenden Eisenbahn aus, vorausgesetzt, daß der zu erwartende Verkehr bedeutend ist. Beide arbeiten sich vielmehr in die Hände." Die Arbeit Lists über Eisenbahnen und Kanäle ist heute noch mustergültig und zeugt von der überaus klaren Einsicht, die der Verfasser aus langjähriger Erfahrung und Beobachtung erworben hatte. Und niemals ist es eine einzelne Linie, die er für sich ins Auge faßt, immer wieder betont er: „Das Gelingen jeder besonderen Eisenbahnlinie ist durch das Zustandekommen eines vollständigen Systems bedingt."

Wie der Ausbau des deutschen Verkehrswesens zu erfolgen habe, hat List aufs Haar genau vorgezeichnet. Die Entwicklung hat ihm bisher recht gegeben und wird ihm auch weiter recht geben. Er schreibt:

„Ein deutsches Transportsystem begreift in sich: Die Verbesserung der Flußschiffahrt auf dem Rhein, Main und Neckar — auf der Mosel, Ems, Weser, Lippe, Ruhr, Fulda, Werra — auf der Saale, Elbe, Mulde und Oder — auf der Donau, Moldau u. s. w.

Die Anlegung von Lateralkanälen längs der erwähnten Flüsse, insoweit sie (wie längs der ganzen Oder) der Schiffahrt nur sehr unvollkommene Dienste leisten, in Verbindung mit der Dämmung kleinerer Flüsse.

Die möglichste Beförderung der Dampfschiffahrt auf allen deutschen Flüssen und zur See und Aufmunterung derselben, wenn Unterstützung nötig sein sollte, durch unverzinsliche Vorschüsse statt durch Monopole, die höchst verderblich wirken. Im Falle eines Krieges dürfte man die Nachteile davon schmerzlich empfinden, daß die Dampfschiffahrt auf dem Rheine durch die Monopole so sehr niedergehalten und auf den übrigen deutschen Strömen noch so wenig ausgebildet worden ist.

Die Anlegung von Verbindungskanälen, wozu jetzt Bayern durch seinen Main=Donau=Kanal das erste große Beispiel giebt. Gleiche Verbindungen sollen hergestellt werden: zwischen der Oder und der Oberelbe, zwischen den Oberelb= und Saalkanälen, dem Saal= und Mainkanale, zwischen der Niederelbe und Niederweser, zwischen Weser, Ems, Lippe und Rhein; zwischen den Weser=Fulda=Werra= und Mainkanälen, zwischen dem Oberrheine, der Oberdonau und dem Bodensee, zwischen dem Neckar und der Donau. Die letzteren Unternehmungen sind bereits von Holland aus, wo man sich auf Kanäle und ihren Nutzen versteht, zur Sprache gekommen. Ohne Zweifel würden diese, wenn auch in Beziehung auf die Dividende etwas zweifelhaften Unternehmungen, in nationalökonomischer Beziehung unermeßlichen Nutzen gewähren.

Endlich ein vollständiges Eisenbahnsystem, wie es bereits in den letzten Jahren fast nach allen seinen Bestandteilen projektiert worden ist."

Mit peinlicher Gewissenhaftigkeit geht List schließlich auf die Frage ein, ob Staatsbahn oder Privatbahnen gebaut werden sollen. List verweist auf die Erfahrungen in Frankreich und Belgien und tritt entschieden für die Anlegung sowohl der Eisenbahnen als der Kanäle auf Staatskosten ein. Wenn die sächsische Regierung nicht wußte, was für Vorteile der Staatsbahnbetrieb bietet, so lag das jedenfalls nicht an List, der auch dies Beispiel ausführlich behandelte. Er hatte ausdrücklich die Hoffnung ausgesprochen, daß die Regierung sich von dem Phantom einer vergrößerten Staatsschuld nicht zurückschrecken lassen werde; vielmehr lebte er der festen Überzeugung: „Die sächsische Regierung werde in kurzer Zeit die Ausführung eines vollständigen sächsischen Eisenbahnsystems auf Kosten des Staates und den Rücklauf der Leipzig=Dresdener Eisenbahn=Aktien gegen Erstattung der Einzahlung mit 4 Prozent Zinsen beschließen."

Damit mag es genug sein, Lists Verdienst gegenüber jedem anderen Anspruch um die Förderung des deutschen Eisenbahnwesens nachgewiesen zu haben. Er steht berghoch über allen, die damals Eisenbahnpläne vertraten.

Das Leipzig=Dresdener Eisenbahnprojekt schritt rüstig vorwärts. Die Jahre 1833—1835 vergingen bei einer rastlosen Agitation Lists an in allen bedeutenden Städten Deutschlands für den Anschluß anderer Linien an diese Bahn und unter der eifrigen Fürsorge für den Fortgang der Arbeiten des Unternehmens, das seine praktische Schulung, reiche Erfahrung und sein höherer Blick wesentlich förderte. Er ließ sich die Mitarbeit auch dann nicht nehmen, als er zu seinem Schmerze fühlen mußte, daß man begann, ihn, nachdem er das Werk dem guten Ende nahe geführt hatte, weiterhin überflüssig zu finden. Aus übertriebenem Zartgefühl hatte er es versäumt, sich von vornherein einen sicheren Gewinn an dem Unternehmen zu sichern; man gewährte ihm weder diesen noch den genügenden Ersatz seiner baren Auslagen. Man stieß ihn einfach in ebenso brutaler Weise hinaus, wie man ihn damals von der Leitung des deutschen Handelsvereins entfernt hatte. Die Zeit hatte ihren mildernden Schleier über das Intriguenspiel gebreitet, das hier dem Verdienste seine Krone nahm, und wir wollen ihn nicht wieder lüften. Festgestellt im Interesse der historischen Wahrheit und der Gerechtigkeit muß nur werden, daß die Leipzig=Dresdener Eisenbahn einzig und allein Friedrich List zu danken ist, und daß sowohl das Harkort=Denkmal in Leipzig als auch die Aufschrift des Eisenbahn=Gedenksteins grobe Geschichtsfälschungen sind.

Von deutschen Eisenbahnen war die Leipzig=Dresdener die zweite, die in Betrieb gesetzt wurde. Im Jahre 1833 wurde die Gesellschaft von der sächsischen Regierung konzessioniert; 1837, am 24. April eröffnete man den Betrieb auf der Strecke Leipzig=Althen; die letzte Strecke Riesa=Oberau folgte am 7. April 1839. Die ganze Bahnstrecke hatte eine Länge von 115 km. Anfangs gingen täglich zwei

Personen= und zwei Güterzüge von beiden Endpunkten der Bahn ab; die Fahrzeit der Personenzüge betrug 3½—4 Stunden, die der Güterzüge 4½—6 Stunden. Die Fahrpreise in den Personenzügen kosteten von Leipzig nach

| | Meilen | Fahrzeit | Fahrgeld | | |
			I.	II.	III.
Riesa	9	2	1 Th. 24 Sgr.	1 Th. 11 Sgr.	27 Sgr.
Dresden	15½	3½—4	3 Th.	2 Th. 8 Sgr.	1 Th. 15 Sgr.

Die Entwicklung der Verkehrsmittel in Deutschland wäre sicher auch ohne List einmal gekommen, aber daß und wie er sie voraus= gesehen, daß er diese neue Ära der Wirtschaftsgeschichte praktisch ein= geleitet hat, bleibt darum nicht weniger sein Verdienst und zwar sein Verdienst ganz allein. Seine Größe beruht darin, daß er mit glühen= der Begeisterung, mit Wort und Schrift für die nationale Einheit eingetreten ist, daß er mit voller Klarheit dies als das einzige Ziel der Zukunft vorausgesehen hat, auf das das Heil des deutschen Volkes hinwies; vor allem aber beruht sie in dem agitatorischen und organisatorischen Genie, das mit Zähigkeit einen Plan mit eigener Kraft zu verfolgen geeignet war, auf der harmonischen Vereinigung von idealer Gesinnung und praktischer Begabung, wie sie gerade in Deutschland nicht häufig gefunden wird. Darum ist es eine Ehren= pflicht des deutschen Volkes, das Andenken an Friedrich List nicht verlöschen zu lassen, darum gebührt ihm neben den größten Männern der Vergangenheit und Gegenwart, die ihr Leben dem Wohle des Vaterlandes geweiht haben, eine Stelle, eine Stätte warmer Er= innerung an ihn, den man am 30. November 1846 in eisiger Nacht, von frisch gefallenem Schnee mitleidig verhüllt, tot gefunden hat — auf der Landstraße.

Der Herausgeber.

Ueber
ein sächsisches Eisenbahn-System
als Grundlage

eines allgemeinen

deutschen Eisenbahn-Systems

und insbesondere

über die Anlegung einer Eisenbahn

von

Leipzig nach Dresden.

Von

Fr. List,

Consul der Vereinigten Staaten für das Großherzogthum Baden.

Leipzig,
A. G. Liebeskind.
1833.

I.
Eingabe

an

die hohen und höchsten Behörden

im Königreich Sachsen.

Ew.

nehme ich mir die Freiheit, hiermit den Entwurf zu einem Gesetz für Beförderung der Anlegung von Eisenbahnen im Königreich Sachsen überhaupt und zu Anlegung einer Eisenbahn zwischen Dresden und Leipzig insbesondere, zur geneigten Erwägung einzureichen, wobei ich vor allen Dingen gehorsamst bitte, die Form, in welche ich meine Vorschläge eingekleidet habe, nicht mißfällig aufzunehmen, sondern geneigtest zu berücksichtigen, daß es nur auf diese Weise möglich ist, so viele Bestimmungen und Vorschriften für so komplizierte Geschäfte auf anschauliche und einleuchtende Weise darzustellen. Aus diesem Grund pflegen in allen Ländern, in welchen große Unternehmungen durch Aktiengesellschaften betrieben werden, die Stifter derselben, indem sie die Erteilung einer „Charte" nachsuchen, die Entwürfe dazu selbst anzufertigen und durch die Repräsentanten ihres Distriktes der gesetzgebenden Behörde als Grundlage der darüber zu erteilenden „Akte" einreichen zu lassen. In dem vorliegenden Fall kommt noch besonders in Betracht, daß in Sachsen Form und Gegenstand dieses Entwurfs neu sind, daß es also hier von besonderem Interesse ist, eine klare Anschauung von beiden zu erhalten.

Noch wird es nötig sein, bevor ich auf den Gegenstand dieser gehorsamsten Eingabe selbst eingehe, mich über meinen Beruf zu dergleichen Vorschlägen auszuweisen. Schon im Jahr 1827 ist es mir in Nordamerika gelungen, für eine der ersten und bedeutendsten Unternehmungen dieser Art, die nun schon seit dem Jahr 1830 im Gang ist, eine Aktiengesellschaft von einer halben Million Dollars Kapital (ungefähr 700,000 Thaler sächsisch) zu stiften.[1] Ich konnte

---

[1] Diese Eisenbahn verbindet die von mir entdeckten und angekauften Kohlenminen von Tamaqua mit dem Schuylkill-Kanal und läuft das kleine Schuylkillthal entlang, das einer solchen Anlage nicht geringere Schwierigkeiten entgegenstellt, als der Plauische Grund bei Dresden. Die Kohle ist Anthracit (Blende oder Glanzkohle) und enthält 96 Prozent Carbon, 3 Siley, 1 Wasser und etwas weniges Schwefel. In gewöhnlichen Öfen ist sie schwer anzuzünden, welcher Unbequemlichkeit jedoch der amerikanische Erfindungsgeist so sehr abzuhelfen gewußt hat, daß sie jetzt nicht nur allgemein zum Hausgebrauch, sondern auch für Fabriken, Dampfmaschinen und Dampfboote dem Holz vorgezogen, ja sogar von den Landwirten auf der Route wohlfeiler gefunden wird, als das Aufmachen ihres eigenen Holzes. Sie giebt weder Rauch, noch Flamme, noch Geruch und enthält ungefähr 30 Prozent mehr Heizkraft als die bituminöse Kohle.

Diese Minen sind vielleicht die reichsten, die man kennt. Bei Tamaqua zählt man 50 fast aufrecht stehende Flötze, wovon das stärkste 60 Fuß, das geringste 8 Fuß mächtig ist. Ihre Höhe über dem Wasserspiegel ist 900 Fuß und ihre Tiefe, ungeachtet man mehrere 100 Fuß tief gegraben hat, ist noch nicht ergründet. Die Öffnung eines Flötzes, die in England 80—100,000 Pf. Sterling Vorauslage kostet, bezahlt sich hier durch die Kohlen, die man bei dieser Gelegenheit gewinnt. Eine Tonne oder 20 Ctr. zu fördern, kostet bei einem Tagelohn von 1¼ bis 1½ Dollars nicht mehr als 60 Cents oder 20 Groschen. Die Konsumtion dieses Brennmaterials ist im Lauf der letzten 7 Jahre, seit welcher Zeit es erst in Gebrauch gekommen ist, bis auf 400,000 Tonnen gestiegen und wird nach mäßigen Schätzungen im Lauf der nächsten 7 Jahre bis auf 1½ Millionen Tonnen und dann regelmäßig mit der Bevölkerung wachsen. Die Schuylkill-Eisenbahn transportiert hieran dieses Jahr 50,000 Tonnen mit zwei in Liverpool erbauten Maschinen; ihre Produktion steigt jedes Jahr um 33⅓ Prozent. Bis auf 200,000 Tonnen wird eine einfache Bahn zum Transport hinreichen, dann aber wird ein zweites

die erstaunlichen Wirkungen der Eisenbahnen in England und Nordamerika nicht mit ansehen, ohne den Wunsch zu hegen, mein deutsches Vaterland möchte gleicher Wohlthaten teilhaftig werden und trat deshalb schon im Jahr 1827 mit dem königl. bayerischen Oberberg-Direktor von Baader in München, welcher seit vielen Jahren über diesen wichtigen Gegenstand geschrieben hatte, in Korrespondenz. Obgleich meine Briefe nicht für die Publizität berechnet waren, ließ sie doch Herr von Baader in den Beilagen der allgemeinen Zeitung vom Jahr 1827 abdrucken und veranlaßte mich dadurch, vermittelst der angeschlossenen Broschüren, meine dort ausgesprochenen Ansichten weiter auszuführen, und insbesondere die Vorteile eines ganzen Systems von Eisenbahnen für das Königreich Bayern, so wie einer Bayerisch-hanseatischen Eisenbahn darzuthun.[1]) Als ich mich hierauf

---

Paar Geleise gelegt werden müssen. Ihre Länge von Tamaqua bis Port-Clinton beträgt 21½ Meilen. Dieser Weg wird von den Dampfmaschinen in 2½ Stunden mit 16 Wagen zurückgelegt, wovon jeder 3 Tonnen Kohle hält. Die Maschinen gehen täglich zweimal hin und her, transportieren also täglich 200 Tonnen. Da sie mit kleinen Kohlen gespeist werden, die auf dem Platz keinen Absatz haben, so sind die Transportkosten sehr gering, und betragen nicht mehr als 1 Cent oder 4 Pfennige per Tonne und Meile. Außer den Minen und der Eisenbahn gehören der Compagnie die Städte Tamaqua und Port-Clinton. Jene zählte am 1. Juli d. J., 3 Jahre nachdem das erste Haus gebaut worden war, 130, diese 45 Häuser. Der Hafen von Port-Clinton, von welchem in diesem Jahr über 1000 mit Kohlen beladene Boote nach Philadelphia abgehen, und von dort oder aus den zwischen gelegenen Gegenden mit Waren, Lebensmitteln, Gips, Kalksteinen, Ziegeln und Eisensteinen zurückkommen, hat sehr schöne Basins und Ladungsvorrichtungen. Beide Städte sind bereits in der neuesten Ausgabe der General-Charte der Vereinigten Staaten zu finden.
 1) Mitteilungen aus Nordamerika, von Fr. List, 1. Heft 1828. 2. Heft 1829. Hamburg bei Hoffmann u. Comp.
 „Vorteile, welche aus einem so zusammenhängenden Kommunikations-System dem innern und äußern Verkehr Bayerns erwachsen:"
 „Getreide aus dem Ries und dem Innern Bayerns (besonders wenn es nach amerikanischer Weise in Mehl verwandelt würde, wie

im Jahr 1831, in Geschäften der amerikanischen Regierung in Paris befand, und bei dieser Gelegenheit die statistischen Verhältnisse Frankreichs genauer kennen gelernt hatte, bemerkte ich, daß man in Frankreich die Eisenbahnen von einem unrichtigen Standpunkt aus betrachte und benutzte daher eine zu Anbahnung eines Handelsvertrags zwischen

> ich in meinen Briefen vorgeschlagen habe) fände nach der Schweiz, nach den Rhein-, Main- und Elbegegenden regelmäßigen Absatz. In Zeiten außerordentlicher Teuerung würde es bis nach England gehen. Eben so: Wolle, Klee-, Lein- und Rebsfamen, Handelspflanzen aller Art, getrocknetes Obst, welche die nördlichen Kreise in so großer Menge liefern."
>
> „Main- und Tauberweine und Biere würden ihren Markt doppelt und dreifach erweitern."
>
> „Salz, Gips, Eisen, Steinkohle, Holz und Torf, Artikel, die wegen ihres großen Einflusses auf das Wohlbefinden der niederen Volksklassen, und auf die produktiven Kräfte der Nation, und wegen ihres großen Verbrauchs in finanzieller und staatsökonomischer Hinsicht von der höchsten Wichtigkeit sind, würden im ganzen Land zu viel wohlfeileren Preisen verkauft werden können."
>
> „Der erleichterte Bezug von Rohzucker, Baumwolle, rohen Häuten, Thran und andern zur Fabrikation erforderlichen Rohstoffen, würde den bayerschen Fabriken sehr zu gute kommen. Man bedenke nur, wie viel sie durch den schnellen Umsatz ihrer Kapitale und durch die Sicherheit und Bestimmtheit des Bezugs und des Absatzes gewinnen würden."
>
> „Bald würden sich die sächsischen Länder bewogen finden, die Linie von Bamberg bis nach der Weser und Elbe fortzusetzen, wodurch Bayern mit Hamburg und Bremen in direkte Verbindung käme. Durch diese Route würden die Niederlande gezwungen, beim Handel auf dem Rhein alle nur mögliche Erleichterungen zu verschaffen."
>
> „Der Speditions- und Ausfuhrhandel von Nürnberg, Augsburg und insbesondere der Getreidemarkt von München würden außerordentlich gewinnen."
>
> „Eine Menge kleinerer Unternehmungen würden den größeren folgen, z. B. Bahnen von den Salzwerken bis München, von den Steinkohlengruben des Obermainkreises nach Nürnberg ec. Ich weiß nicht, woher München seine Brennmaterialien bezieht, sollte es aber nicht auf der Isar vermittelst Flößen geschehen, so scheint keine Unternehmung sich so sehr zu empfehlen, als eine Eisenbahn von München

Frankreich und den Vereinigten Staaten von mir verfaßte Abhandlung, wovon ich ein Exemplar anzuschließen die Ehre habe,[1]) diesen Gegenstand in einem als Einleitung voran=

nach den Gegenden, welche diese Hauptstadt mit Holz versehen. Die niedern Gegenden von Würtemberg beziehen ihr Holz von der Alp und vom Schwarzwald; oben wird es in die Flüsse geworfen und unten aufgefangen. Die Verluste an Holz und Brennkraft sind so groß, daß Eisenbahnen von den Gebirgen nach der Hauptstadt und den Weingegenden vortrefflich rentieren würden. (Eine Klafter Holz in den Waldgegenden kostet 3—4 fl. Der Mittelpreis in den Wein= gegenden, wenn das Holz nicht durch das Flößen an Heizkraft verlöre, dürfte 15 fl. sein. Nehmen wir aber, um größeren Absatz zu bewirken, nur einen Preis von 12 fl. also 8 fl. für Transportkosten und Ge= winn. Zu diesem Preis dürfte die Quantität des jährlichen aus den Gebirgen nach den Niederungen gehenden Holzes von 40,000 auf 80,000 Klaftern gesteigert werden, folglich der Überschuß à 8 fl. auf 640,000 fl. Die Zugkosten einer Klafter Holz auf der ganzen Route, da ein Pferd bei dem starken Fall der Bahn ungefähr 10 Klafter ziehen könnte, dürften sich höchstens auf 1½ fl. oder 120,000 fl. belaufen; folglich der reine Gewinn 502,000 fl. Sechzig Wegstunden Eisenbahnen, womit man ohne Zweifel alle Hauptpunkte der Holzproduktion erreichen, und zugleich den größten Teil des inländischen Verkehrs an Salz, Weinen, Getreide, Steinen 2c. führen könnte à 50,000 fl. per Stunde, würden 3 Millionen Gulden anzulegen kosten, und nach Abzug von 2 Prozent Reparationskosten 2c. vom Holztransport allein 11—12 Prozent einbringen.) Der staatswirtschaftliche Vorteil würde noch ungleich be= deutender sein. Um ihn zu bestimmen, müßte man berechnen: — wie viel mehr Holz die Waldgegenden bei besserer Bewirtschaftung der Waldungen und bei einer Holzökonomie, wie sie notwendig eintreten müßte, wenn der Absatz des Holzes sich vermehrte, also der Preis am Ort der Produktion stiege — wie viel mehr Holz nach den Niederungen verführt werden könnte — wieviel dadurch an Fuhrlohn und Holz= verlust (oder Verlust an Heizkraft) erspart würde — wie viel durch Ausrodung an gutem Land in den Niederungen für einträglichere Kulturen und an erhöhtem Wert der Waldungen in den Gebirgen ge= wonnen würde; — wie viel der Weinbau gewönne, wenn die in der Nähe an Weinbergen befindlichen Waldungen ausgerodet würden." (Mitteilungen aus Nordamerika, 1. Heft, S. 12. u. 32.)

1) Idées sur les réformes économiques et commericales appli= cables à la France, par F. List; auch in der Revue Encyclopédique vom Jahr 1831. (März=, April= und Sept.=Heft) abgedruckt. Das

geschickten Artikel abzuhandeln und dabei bemerklich zu machen, daß die Wichtigkeit der Eisenbahnen erst in ihrem vollen Licht erscheine, wenn die Totalwirkung eines ganzen Systems auf die Totalität sämtlicher moralischer und erwerbenden

„Ausland" vom 16. und 17. April 1832 enthält unter dem Titel: Über ein allgemeines Eisenbahnsystem in Frankreich einen Artikel aus Paris, den ich hier mitteile, da er eine Übersicht über die in jenen Artikeln enthaltenen Argumente und Thatsachen giebt:

„Seitdem die Liverpool- und Manchester-Bahn in Verbindung mit den neuen Dampfwagen die kühnsten Erwartungen übertroffen hat, folgt in England ein Projekt dem andern, und alles müßige Kapital fließt fast ausschließlich nach diesen neuen Unternehmungen hin. Die Eisenbahnlust hätte sich ohne Zweifel längst schon unsern Kapitalisten mitgeteilt — denn die 100 Prozente, welche die meisten englischen Unternehmungen bereits gemacht haben, stechen ihnen in die Augen und öffnen ihren Sinn für das Gute und Nützliche — hätte nicht die Furcht vor Krieg und Emeuten sie für alle solide Spekulation seither unfähig gemacht. Inzwischen sind die Ingenieure und Nationalökonomisten nicht ganz unthätig geblieben. Die Herren Mellet und Henry, welche schon vor mehreren Jahren für eine Compagnie die Anlegung einer Eisenbahn von St. Etienne nach Andrezieux, und später bis nach Roanne unternommen hatten, um den vortrefflichen Steinkohlen von St. Etienne den Markt nach dem Flußgebiete der Loire und Seine, bis Paris und weiterhin zu eröffnen, wurden ermutigt, ihr Unternehmen bis nach Digoin zu projektieren, wo demnach ihre Eisenbahn den Loirekanal erreicht; eine Verbindung, welche die unregelmäßige und unsichere Flußschiffahrt der Loire ganz ausschließen wird. Auch haben die bedeutendsten unserer Ingenieure kürzere oder längere Wallfahrten nach England gemacht, wie z. B. die Herren Mellet und Henry, Herr Cordier, Inspektor der öffentlichen Unternehmungen, ein um die französische Industrie vielfältig verdienter Mann, die Herren Coste und Perdonnet. Erstere haben die Resultate ihrer Beobachtungen in ihre Berichte an die Aktionäre der Eisenbahn von St. Etienne nach Roanne einfließen lassen, die beiden letztern aber ein besonderes Memoire über die Eisenbahnen in Druck herausgegeben. Nicht wenig Aufmerksamkeit hat ferner die im verflossenen Winter erst in der Revue Encyclopédique, dann als Broschüre erschienene Darstellung der finanziellen und nationalökonomistischen Vorteile eines allgemeinen Eisenbahnsystems in Frankreich in Anspruch genommen. Der Verfasser, Herr F. List aus Philadelphia, der sich seit vielen Jahren mit diesem Gegenstand beschäftigt, und dem in den Vereinigten Staaten eine der bedeutendsten

Kräfte einer ganzen Nation, und zumal eines Kontinental‑
reichs, in Betrachtung gezogen würde, wobei ich zugleich
einen Überblick dieser Wirkungen in Beziehung auf Frank‑
reich zu geben suchte.

Unternehmungen dieser Art gelungen ist, hat zum erstenmal die Vor‑
teile eines allgemeinen Eisenbahn‑Systems zu zeigen gesucht. Früher
wurden bloß einzelne Projekte zur Sprache gebracht, wie z. B. die
Verbindung einer Steinkohlenmine mit einem schiffbaren Fluß oder
einem Kanal, oder die Verbindung von zwei Strömen oder einer großen
Stabt mit einem Seehafen. Herr List dagegen setzt voraus, Frank‑
reich besitze ein System von Eisenbahnen, das von Paris ausstrahle,
nach Bordeaux, Nantes, Marseille, Besançon, Straßburg, Metz, Brüssel,
Calais, Havre de Grace und Dieppe, und zeigt nun, was Frankreich
von einer solchen Maschine zu erwarten habe, in allgemeinen Umrissen.
Man erstaunt über die Unermeßlichkeit der Wirkungen dieser Erfindung,
wenn man sie mit dem Verfasser von diesem Standpunkt aus betrachtet,
und, nachdem man die Sache approfundiert hat, kann man nicht umhin
sich zu gestehen, daß die Eisenbahnen in Verbindung mit den Dampf‑
wagen, bestimmt sind, in der Geschichte der menschlichen Erfindungen
eine nicht minder wichtige Rolle zu spielen, als die Presse und das
Pulver, daß sie mit einem Wort das Blutadersystem des europäischen
Kontinents bilden werden. Betrachten wir diese Wirkungen etwas
näher. Durch die Verringerung der Frachten um $3/4$ und in manchen
Fällen um $5/6$ und $9/10$ ihres bisherigen Betrages, und durch eine
gleichmäßige Verkürzung der Zeit, während welcher Menschen und
Güter unterwegs sind, werden die Distanzen zwischen Stadt und Land,
zwischen Seeküste und Binnenland, zwischen den Orten der Produktion
und Konsumtion, in gleichem Verhältnis vermindert. Diese Vor‑
teile kommen hauptsächlich den Binnenländern zu gut,
welche bisher der großen Vorteile des See‑ und Kanal‑
transports entbehrten. Die Totalwirkung hiervon wird sein:
daß die Produktion und somit die Bevölkerung sich verdoppeln und in
manchen Fällen verdreifachen, und daß die Abgaben, wofern nur die
Staatsbedürfnisse sich in ihrem gegenwärtigen Bestand erhalten, für
den einzelnen Kontribuenten sich um die Hälfte vermindern. — Der
wichtigste aller Transporte, in kommerzieller und industrieller Hinsicht,
wie in Beziehung auf moralische Vervollkommnung, ist der Menschen‑
transport. Gefahr, Zehrung, Zeitverlust und Strapazen der Reise,
die ungleich höher in Anschlag kommen als die Transportkosten, werden
in noch größeren Verhältnissen vermindert als diese. Es ist somit fünf‑
und zehnmal leichter, ist man Kaufmann im Seehafen, das Innere zu

Die Nachforschungen, die ich deshalb anzustellen hatte, führten mich auf die Mangelhaftigkeit der französischen Gesetze in Hinsicht auf Expropriation zum Behuf öffentlicher

bereisen, — ist man Kaufmann des Innern, nach dem Seehafen zu gehen, — ist man Fabrikant, Käufer für seine Fabrikate oder rohe Materialien, oder einen gelegeneren Platz für sein Geschäft aufzusuchen. Der niedrigste Arbeiter kann mit der Schnelligkeit eines Kuriers sich von einem Ort, wo Arbeit mangelt, an einen andern begeben, wo sie gesucht ist. Alle die zu ihrer Bildung, wegen ihrer Gesundheit, zu ihrer Zerstreuung, oder um ihrer Geschäfte willen reisen, werden nun ihre Pläne um das Zehnfache ausdehnen können. Es wird leichter sein, von Straßburg nach Havre de Grace, oder von Paris nach Marseille oder Bordeaux zu gehen, als es jetzt ist, sich von Straßburg nach Basel zu begeben. Man wird künftig, auf eine Einladung zu einer Fußreise, dieselbe Antwort erhalten, die vor kurzem ein Liverpooler von seinem Nachbar erhielt, „ich bin zu arm mein Freund, um eine Fußreise nach Manchester zu unternehmen." Die unermeßlichen, hieraus für den ganzen intellektuellen und industriellen Zustand eines Landes erwachsenden Vorteile, lassen sich eher vorstellen als beschreiben.

„Einer der wichtigsten Vorteile eines ganzen Systems von Eisenbahnen wird darin bestehen, daß es die stehenden Heere überflüssig machen, oder doch ihre unendliche Verminderung ermöglichen wird. Invasionskriege werden aufhören. Hungersnot und Teuerung werden nicht mehr erhört werden. Frankreich wird in Beziehung auf die Versorgung seiner Hauptstadt und seiner Provinzen im Fall des örtlichen Mißwachses dieselben Vorteile gewinnen, welcher England durch seine insularische Lage sich erfreut. Jede neue Generation wird auf dem Grunde fortbauen, den die vorige gelegt hat.

„Forscht man nach den Ursachen der Industrie-Entwicklung Englands, so zeigen sich, nächst der intellektuellen, moralischen und politischen Tüchtigkeit (die an sich wieder Wirkungen sind) vorzüglich diese, jahrhundertelang angebaute, Sicherheit im Innern, dann die Leichtigkeit des Transports, und endlich die Masse der Naturreichtümer, worunter Kohlen, Eisen, Gips und Salz die erste Erwähnung verdienen. Ein Land, das Steinkohlen konsumiert, hat gleichsam zwei Etagen; in der untern produziert es sein Brennmaterial, in der obern seine Lebensmittel. Durch die Vervollkommnung der Fabriken, durch Dampfmaschinen, Dampfschiffe, Dampfwagen, und durch die Erfindung, Eisen mit Steinkohlen zu fabrizieren, ist dieses Material zehnmal wichtiger als zuvor, ja wir möchten sagen, zum ersten Bedürfnisse eines industriellen Landes geworden. Damit aber ein Land diesen

Über ein sächsisches Eisenbahn-System ꝛc.

Zwecke, die, weit entfernt gemeinnützige Unternehmungen zu befördern, nur erfunden zu sein schienen, um denselben unübersteigliche Hindernisse in den Weg zu legen. Die von

Naturreichtum in vollem Maße sich zu Nutzen machen könne, muß es die Transportmittel in der höchstmöglichen Vollkommenheit besitzen, oder sie durch die Kunst sich verschaffen, wenn die Natur sie ihm versagt hat; denn nur durch möglichst gleiche Verteilung dieses Brennmaterials auf der ganzen Oberfläche des Landes mit den möglichst geringsten Kosten, ist der höchstmögliche Nutzen desselben zu erzielen, und die Transporterleichterung ist hier um so erfolgreicher, je größer das Gewicht dieses Materials ist im Verhältnis zu seinem Wert. England, begünstigt durch die natürlichen Vorteile seiner Küsten- und Flußschiffahrt, und durch seine Kanäle und Eisenbahnen, hat seine Steinkohlenproduktion bis auf 16 Millionen Tonnen oder 320 Millionen Centner gesteigert. Diese Produktion, an sich schon ungleich größer, als die Produktionen aller Silber- und Goldbergwerke der ganzen Erde, erscheint unberechenbar, betrachtet man ihren Einfluß auf alle übrigen Industriezweige. Nehmen wir nur die Eisenproduktion: 900,000 bis 1 Million Tonnen Eisen, die es gegenwärtig produziert, betragen allein 200 bis 300 Millionen Franken. Frankreich produziert nicht mehr als 1½ Millionen Tonnen Steinkohlen und 200 Millionen Eisen, während die Kunstverständigen behaupten, daß seine Naturreichtümer in diesen Artikeln an Qualität und Quantität denen von England nicht nachstehen. Man kann annehmen, daß Frankreich seine Industrie an Steinkohlen, Eisen, Dampfmaschinen ꝛc. um mehr als 1500 Millionen Francs jährlich steigern könnte, wenn es sich dieselben Transporterleichterungen verschaffte, die England besitzt. Eisenbahntransport in seiner höchsten Vollkommenheit ist aber so wohlfeil, und noch sicherer, regelmäßiger und schneller, als Küstenfahrttransport, und wirkt vielfältiger auf die Industrie, da er das Innere der Länder belebt, während dieser nur die Außenseiten berührt. Die Entfernung zwischen Newcastle und London zur See ist eben so groß, als die Entfernung zwischen Paris und den reichen Steinkohlenlagern in Cülben. Vermittelt eines Eisenbahnsystems wird demnach Frankreich in diesen Industriezweigen England wenigstens erreichen. Die Salzproduktion, gegenwärtig 300,000 Tonnen betragend, wird durch die vermittelst dieses Transports bewirkte Preisverminderung verdoppelt und verdreifacht werden, zum höchsten Vorteil des Ackerbaues, der Manufakturen und niedern Volksklassen. Bei einem Preise von 2 Sous per Pfund, werden alsdann die Salzwerke und die Finanzen sich ungleich besser stehen, als bei dem gegenwärtigen enormen Preise von 5 Sous

mir im Oktober 1831 im Konstitutionel deshalb publizierten Briefe enthalten das Wesentliche dessen, was im Frühjahr

„Man kann überhaupt die unermeßlichen Wirkungen eines solchen Systems nicht schlagender bezeichnen, als wenn man sagt, daß ganz Frankreich dadurch schiffbar gemacht werden wird, nach allen Richtungen und zu allen Jahreszeiten. Der Westen wird seinen Überfluß an Getreide, der Süden seine Früchte und Weine, die Berggegenden werden ihre Mineralien, die Küstenländer ihre See=Erzeugnisse unter der ganzen Masse der Bevölkerung verteilen. Die Städte werden ihre Fabrikerzeugnisse, die gröbsten und wohlfeilsten nicht ausgenommen, nach den entferntesten Punkten versenden und von den äußersten Grenzen ihre Subsistenzmittel beziehen. Dupin und Chaptal schätzen diesen Innern Transport schon jetzt auf $2^{3}/_{4}$ Millionen Tonnen; die Eisenbahnen werden ihn in den ersten 10 Jahren verdoppeln. Dadurch wird das Land noch einmal so reich, die Stadt noch einmal so betriebsam und bevölkert werden. Es wird sich alsdann jenes Verhältnis zwischen Land= und Stadtbevölkerung herstellen, das allein geeignet ist, einen blühenden Ackerbau zu erzeugen.

„Der auswärtige Handel Frankreichs wird nicht hinter seiner innern Industrie zurückbleiben. Die meisten Güter, welche aus Ost= und Westindien, aus Süd= und Nordamerika nach dem südlichen Deutschland, nach dem Elsaß und der Schweiz gehen, werden die Eisenbahn von Havre nach Mainz oder Straßburg nehmen. Freilich werden die holländischen Kaufleute alle möglichen Erleichterungen eintreten lassen, um Konkurrenz zu halten, und am Ende gar die Hanse=Städte gezwungen sein, auf die Anlegung einer Eisenbahn nach dem südlichen Deutschland zu denken.

„Paris wird auf diese Weise sich zum Mittelpunkte des ganzen französischen Handels erheben. Die Leichtigkeit, womit es nunmehr seine Fabrikate nach den äußersten Grenzen versendet, und womit es von allen Ecken des Reichs seine Subsistenzmittel bezieht, wird es ihm möglich machen, in kurzer Zeit mit London in Industrie und Bewohnerzahl zu rivalisieren.

„Das merkwürdigste und schönste bei dieser unermeßlichen Verbesserung ist dies, daß sie nicht nur sich selbst bezahlt, sondern den Unternehmern noch außer den gewöhnlichen Prozenten reiche Dividenden verspricht. Alle Erfahrungen der Hauptbahnen in England und Amerika beweisen unwidersprechlich, daß auf den meisten Hauptrouten in Frankreich nur allein die Reisenden und die Güter, welche jetzt durch die Roulages accélérés versendet werden, zum wenigsten 10 Pro=

1833 für das neue Expropriationsgesetz im französischen
Parlament gesagt worden ist. Die Vorlegung und Ge=
nehmigung dieses Gesetzes, die Verwilligung von einer

zente einbringen. Auf den Routen zwischen Rouen und Paris, und
zwischen Paris und Lyon ist dazu schon die jetzige Zahl von Reisenden
zureichend. Man kann sich aber denken, um wie viel sie sich vermehren
wird, wenn man in weniger als 4 Stunden von Paris nach Rouen,
in 13 Stunden von Paris nach London, und in 15 Stunden von
Paris nach Lyon reisen kann. Tausende von Parisern, die zuvor nicht
daran dachten, die Hauptstadt zu verlassen, werden alsdann jährlich
einen Ausflug nach dem südlichen Frankreich, nach einem Seehafen
oder nach London machen; Hunderttausende in der Provinz werden
jährlich die Hauptstadt besuchen. Die Zahl der in Frankreich reisenden
Engländer wird Legion sein. Bloß die Sonntagsexkursionen der
Pariser werden Millionen einbringen. Zwischen Liverpool und Man=
chester werden jetzt schon an manchen Tagen 4000 Menschen trans=
portiert, und seit die Baltimore= und Ohio=Eisenbahn eröffnet worden,
ist die Zahl der Reisenden an keinem Tage unter 400 gestanden.
Schon die Dampfschiffahrt hat in England und Nordamerika die
Zahl der Reisenden auf den Hauptrouten um das Zehnfache vermehrt;
die Dampfwagenfahrt wird noch größere Wunder thun.

„Die Herren Mellet und Henry haben, trotz der schwierigen Zeit=
läufte sich durch diese schönen Aussichten bewogen gefunden, die Route
von Paris nach Rouen und von da nach Dieppe diesen Sommer über
abzumessen und aufzunehmen. Es hat sich dabei gezeigt, daß sich auf
der ganzen Route keine bedeutenden Schwierigkeiten in den Weg stellen,
und daß der größte Teil derselben der Anlegung einer Eisenbahn sehr
günstig ist. Nach einer sehr liberalen Schätzung wird eine doppelte
Bahn, mit geschmiedeten Rails und ganz solidem Fundament von
Paris nach Dieppe auf 20 Millionen Francs zu stehen kommen und
die ganze Arbeit in 2½ Jahren hergestellt werden können. Herr List
hat den Tonnenbetrag des Transports zwischen Rouen und Havre be=
rechnet und gefunden, daß er zwischen 400—500,000 Tonnen beträgt,
also fünf bis sechsmal größer ist, als das Gewicht, das gegenwärtig
auf der Eisenbahn zwischen Manchester und Liverpool hin= und her=
geht. Eine von ihm angestellte Berechnung der von diesem Transport
zu erwartenden Zölle, wobei je nach dem Werte der Güter eine Ver=
minderung der bisherigen Frachten zu $\frac{1}{2}$, $\frac{1}{3}$ bis zu $\frac{1}{6}$ angenommen
worden ist, weist einen Reinertrag von mehr als 25 Prozent aus,
wobei weder der Transport zwischen Rouen und Dieppe, noch die aus
der Transporterleichterung hervorgehende Vermehrung des Güter=

halben Million Francs für Vermessungen, endlich die Reise des Herrn Thiers nach England, die wahrscheinlich in der

verkehrs und der Reisenden in Anschlag gebracht worden. Es wurden nur berechnet: 100 Reisende von Rouen nach Paris und ebensoviel von Paris nach Rouen, da man aber von Paris nach Dieppe in 6 Stunden, von Dieppe vermittelst Dampfbooten in 5 Stunden nach Brighton, und von da vermittelst einer Eisenbahn, die demnächst angefangen werden wird, in weniger als zwei Stunden nach London gelangen, also eine Reise, zu welcher man vorher drei Tage brauchte, künftig in 13 Stunden zurücklegen wird, so ist zu erwarten, daß täglich mehr als 100 Personen nur zwischen London und Paris hin- und herreisen werden. Die Zahl der Reisenden zwischen Rouen und Paris darf zum wenigsten auf das Dreifache angeschlagen werden.

„Die Routen von Paris nach Straßburg und nach Lyon werden sich nicht ganz so glänzend herausstellen, sind aber doch so viel versprechend, daß sie nicht lange auf Unternehmer werden warten dürfen. Schon die jetzige Zahl der Reisenden zwischen Paris und Lyon wird wenigstens 6 Prozent nebst den Reparationskosten vergüten. Dabei ist der Handel an Wein, Öl, Seife, Oliven, Kastanien und andern Früchten, sowie an Fabrikaten sehr bedeutend. Der Transport an Wein beträgt jetzt schon 20,000 Tonnen. Dieser Route kommt vorzüglich der Steinkohlentransport zu gute. Eine Tonne Kohlen kostet in St. Etienne 8 Francs. Nehmen wir für den Zoll bis Paris 10 Francs, und für Dampfmaschinen, Wagen, Führer 6 Francs (Herr Mellet rechnet nur 1 Cent. per Kilometer, welches auf 400 Kilometer nur 4 Francs macht) und für Handelsgewinn und Transportverlust 6 Francs, so kann die Tonne Kohlen, die bisher 60—70 Francs kostete, in Paris für 30 Francs verkauft werden. Zu diesem Preise würden nach und nach Millionen Tonnen in Paris, und im nördlichen Frankreich Absatz finden, da die St. Etienne-Kohle von ausgezeichneter Qualität ist. 500,000 Tonnen Kohlen würden dieser Bahn 5 Millionen eintragen, und ihre Dividende bei einem Aufwand von 50 Millionen Francs um 10 Prozent vermehren. Die Kanäle können auch sogar bei schweren Gütern wie Steinkohlen, wegen der Wohlfeilheit, Regelmäßigkeit, Ununterbrochenheit und Schnelligkeit des Eisenbahntransportes mit diesen keine Konkurrenz halten. Wood, der ihnen lange noch in dieser Beziehung den Vorzug gegeben, hat ihnen, nach den neuesten Verbesserungen mit Bestimmtheit das Todesurteil gesprochen. Kanäle sind fortan künstliche Sümpfe, nichts weiter. Der Route von Lyon kommt überdies bis in die Nähe von Orleans der

Über ein sächsisches Eisenbahn-System ꝛc. 29

Absicht unternommen worden ist, die dortigen Eisenbahnen zu beaugenscheinigen, sind Beweise, daß die französische Re-

Verkehr zwischen Paris und dem südlichen Frankreich (Nantes, Bordeaux) zu gute. An dieser Stelle wird künftig die Hauptbahn sich in zwei verzweigen; die eine wird nach Lyon führen, die andere nach Nantes längs der Loire. Bei solchen Aussichten konnte es, auch in der gegenwärtigen schwierigen Zeit, nicht lange an Unternehmern fehlen. Krieg oder nicht Krieg, essen und trinken und sich wärmen und Kleider tragen wird man immer in Frankreich. Mehrere Compagnien haben sich bereits gebildet, mit mehr oder weniger Geldkräften, mit mehr oder weniger günstigen Offerten. Die bedeutendste derselben besteht aus Häusern von Paris, London und Madrid. Diese hat dem Handelsministerium offeriert für 50 Millionen Eisenbahnen zu bauen, und damit sogleich zu beginnen, wofern nur die Regierung Erlaubnis gäbe, englisches Eisen einzuführen, welches um 40 Prozent wohlfeiler ist, als das französische. Das Ministerium hat die Compagnie mit ihrem Gesuch an das Konseil und an die Kammer verwiesen. Es scheint fast unmöglich, daß die Behörden ein Anerbieten abweisen sollten, das so vielen Tausenden augenblickliches Brot gäbe, und in Zukunft Hunderttausenden neue Nahrungsquellen eröffnen würde. Inzwischen wird die Compagnie am Ende nicht einmal auf dieser Forderung bestehen. Für die Route von Paris nach Dieppe wird die Ersparnis im ganzen 1½ Millionen Francs betragen, eine Summe, die im Verhältnis zu den zu erwartenden Vorteilen unbedeutend erscheint.

Ein bedeutenderes Hindernis als das angeführte liegt in der französischen Gesetzgebung oder vielmehr in der Konstitution. Die Verfassung sagt, daß kein Privateigentum zu öffentlichen Zwecken in Anspruch genommen werden könne, es sei denn zuvor vollkommene Schadloshaltung geleistet. Nun stelle man sich vor, wie viele einzelne Besitzungen die Eisenbahn in Anspruch nehmen wird, daß jeder einzelne Besitzer gegen die angestellte Schätzung protestieren kann und protestieren wird, daß dann die Compagnie gegen jeden einzelnen einen Expropriationsprozeß führen muß, der durch zwei, drei Instanzen gehen kann, und daß während dieser ganzen Zeit das Grundstück von den Ingenieuren und Werkleuten der Compagnie nicht betreten werden darf. Wer würde an einer so herkulischen Arbeit nicht verzweifeln! Die Eisenbahn von Andrezieux nach Roanne ist bloß darum nicht beendigt, weil zwischen mehreren fertigen Strecken noch mehrere unentschiedene Prozesse liegen. Die englische und amerikanische Gesetzgebung sind hierin den öffentlichen Unternehmungen günstiger, indem die Charten den

gierung die Herstellung eines großen Eisenbahnsystems beabsichtigt. Auch verteidigt der Konstitutionel in diesem Augenblick denselben Operationsplan, der in der anliegenden

Compagnien Macht und Gewalt geben, jedes zu ihrem Werk erforderliche Grundstück, insoweit es dazu nötig, zu nehmen, auch zu gleichem Behuf Steine zu brechen, Sand zu graben, Holz zu fällen ꝛc. unter Vorbehalt der nachträglichen Entschädigung für die Eigentümer, welche durch eine unparteiische Jury ausgemittelt, und nach vorgängiger Erkenntnis des Gerichtshofs, im Fall der Weigerung, exequiert wird. Außer der Förderung des Werkes hat diese Verfahrungsweise noch einen besonderen Vorteil für die Eisenbahncompagnien. Denn diese Werke, anstatt die Grundstücke im Wert zu verletzen, tragen nicht selten dazu bei, denselben bedeutend zu erhöhen, indem sie nunmehr zur Anlegung von Warenhäusern, Werkhäusern, Fabriken, Wohnhäusern, und selbst zu Landhäusern besser geeignet sind als zuvor, in welchem Falle die Eigentümer vernünftigerweise keine Entschädigung anzusprechen haben. Diese Vorteile aber stellen sich erst recht deutlich heraus, nachdem das Werk in Gang gekommen ist.

Die Sache hätte mehr als gewöhnliche Schwierigkeit, da die gesetzgebende Gewalt nur unter gewissen Formen die Konstitution abändern kann, und da man überhaupt in gegenwärtiger Zeit, wie vernünftig und gerecht auch das Verlangen sei, schwer daran kommt, an der Konstitution zu rütteln, wäre man nicht auf ein Auskunftsmittel verfallen, wodurch die Absicht der Konstitution erreicht wird, ohne die Compagnien in ihren Arbeiten aufzuhalten, oder sie ungerechten Forderungen Preis zu stellen. Die Kataster geben den Wert jedes Grundstücks an; diesen Wert nun soll die Compagnie vorläufig bei Gericht deponieren, und somit die Forderung der Konstitution erfüllen, worauf die Compagnie berechtigt sein soll, mit ihren Arbeiten planmäßig voranzugehen. Mit der näheren Ausmittelung der Entschädigung aber soll auf dieselbe Weise verfahren werden, wie in England und in den Vereinigten Staaten. Es wird wahrscheinlich ein von den Parteien entworfenes Gesetz demnächst in die Kammer gebracht werden, und es ist zu hoffen, daß die gesetzgebende Gewalt einem Unternehmen, das in der gegenwärtigen nahrungslosen Zeit so viel Elend zu lindern verspricht, alle Beförderung angedeihen lasse. Bis zum 10. Oktober dieses Jahres wird vorläufig die Strecke von Paris nach Pontoise derjenigen Compagnie zugeschlagen, welche die annehmlichsten Bedingungen stellen wird. Es ist inzwischen wahrscheinlich, daß alle Parteien sich vereinigen, die Sache zu vertagen, bis die obigen Hindernisse gehoben sein werden — noch wahrscheinlicher aber, daß alle sich entschließen,

Schrift im Jahre 1831 von mir vorgeschlagen worden ist.[1]) Nur Familienpflichten, die mich im Jahre 1831 zu früh aus Frankreich nach Amerika zurückriefen, und mir bei meiner abermaligen Herüberkunft im vorigen Jahr meinen Aufenthalt in Deutschland zu nehmen geboten, konnten mich verhindern, an den Unternehmungen in Frankreich thätigen Anteil zu nehmen.

Durch die berührten Verhältnisse bestimmt, meinen Aufenthalt für einige Jahre im Königreich Sachsen zu nehmen, und aufgefordert von meinen Freunden, den inzwischen hier rege gewordenen Unternehmungsgeist durch meine Erfahrungen zu unterstützen, habe ich mich entschlossen, meine Muße der Erkundigung der hierbei zur Frage kommenden Lokalverhältnisse, soweit dies einem Fremden möglich ist, zu widmen und die

---

gemeinschaftliche Sache zu machen, da beinahe jede Summe von Kapital in diesen Unternehmungen ein vorteilhaftes Unterkommen findet."

[1]) Die Erfahrung aller Länder lehrt, daß Privatgesellschaften dergleichen Geschäfte besser zu führen geeignet sind, als der Staat. Doch kann es Fälle geben, wo es ratsam ist, daß dieser selbst Hand ans Werk lege, z. B. in Unternehmungen, welche offenbar der Nation großen Nutzen bringen, die aber die Kräfte der Privatpersonen übersteigen, oder in ganz neuen Dingen, in welchen den Privaten die erforderlichen Einsichten abgehen, oder wenn der Associations- und Unternehmungsgeist des Volks noch in den Windeln liegt. So haben in den Vereinigten Staaten, wo es doch Grundsatz ist, daß der Staat so viel möglich alle Erwerbsgeschäfte den Privaten überlasse, die Regierungen von New York und Pennsylvanien, von Süd-Carolina und Ohio die Anlegung großer Kanäle und Eisenbahnen unternommen. In Frankreich sind die Kapitalisten durch die schlechten Geschäfte, welche frühere Aktiengesellschaften, namentlich in Kanälen gemacht haben, von großen Unternehmungen abgeschreckt worden. Ich glaubte daher einen Mittelweg vorschlagen zu müssen, durch welchen der Kredit der Regierung mit der wirksamen Geschäftsführung der Aktiengesellschaft vereinigt würde. Nach diesem Vorschlag sollte die Regierung 4 Prozent der Anlagekosten eines Eisenbahnsystems garantieren, dagegen aber an den Dividenden, die 8 Prozent übersteigen, mit den Aktionären gleichen Anteil nehmen. Der Konstitutionel und andere Ministerialblätter haben dieses System mit einigen Modifikationen adoptiert, wogegen es von dem National und seiner Partei angefochten wird.

Resultate meiner, obschon sehr oberflächlichen, Nachforschungen sind so bedeutend ausgefallen, daß ich mich gedrungen fühle, dieselben hiermit Ew. zu näherer Prüfung vorzulegen.

Vor allem bezeichnet das, von Leipzig aus nach allen Richtungen weit hin sich erstreckende ebene und feste Terrain, das seine Bewohner einzuladen scheint, ohne Vorbereitung die Schienen auf den Boden zu legen, diese Gegend als eine für die Anlegung von Eisenbahnen besonders geeignete. Wäre es nicht, daß die kurzen Krümmungen der Heerstraßen und ihr Lauf mitten durch Dörfer und Städte dem Eisenbahntransport Hindernisse in den Weg legten, so möchte man den Rat geben, die Schienen (Rails) hier unmittelbar auf denjenigen Teil der Heerstraße zu legen, der jetzt von den zum Chausseebau erforderlichen Steinen versperrt ist, in welchem Fall eine sehr starke Bahn von eichenen, mit Eisen beschlagenen Schienen kaum mehr als 15,000 Thaler per deutsche Meile kosten würde. Daß hier die Natur schon die bei weitem größere Hälfte der Arbeit verrichtet hat, wissen diejenigen am besten, die, wie wir, das Terrain einem reißenden Waldstrom siebzehnmal abzugewinnen hatten oder die, wie die Liverpool= und Manchester=Compagnie, einen meilenlangen Sumpf (Chatmoss) mit Millionen Faschinen erst fahrbar machen mußten, oder wie die Pennsylvanier, die ihre Linie 40 Meilen weit über ein 3000 Fuß hohes Gebirge zu führen haben.

Unserer Compagnie kostet im Durchschnitt die Ebnung des Wegs, wie ihn hier schon die Natur gelegt hat, 40,000 Dollars per deutsche Meile, wogegen der Oberbau nur auf 15,000 Dollars kommt. Einem Arbeiter wurde täglich 1 Dollar bezahlt, einem Maurer oder Zimmermann von $1\frac{1}{2}$—2 Dollars, dem Haupt=Ingenieur 4000 Dollars jährlich, dem ersten Assistenten 1500, zwei andern 1000 Dollars jedem. Holz, nämlich eichene Schienen, 9 Zoll breit und 4 dick, die hier etwa $1\frac{1}{2}$ Groschen per laufenden Fuß kosten dürften, kommen dort, mitten in den Wäldern, wegen starker Konkurrenz und teuren Tagelohns auf 2—3 Cents oder 1 Groschen.¹)

Alles berücksichtigt, glaube ich daher, daß auf diesem Terrain und bei solchen Tagelöhnen die gewöhnlichen Kosten einer Bahn gleich der unsrigen, welche darauf berechnet ist, jährlich 2—4 Millionen Ctr. Steinkohle 7—10 Jahre lang zu transportieren, und die alsdann 4000 Dollars per deutsche

---

1) Wenn man hier von den wundervollen Unternehmungen der Nordamerikaner, in Vergleichung mit denen des europäischen Kontinents spricht, so pflegt gewöhnlich zu Erklärung des großen Unterschieds angeführt zu werden, daß die Amerikaner gut Eisenbahnen zu bauen hätten, da sie Grund und Boden, der in Europa sehr teuer sei, wenig oder gar nichts koste. Um diesem Argument auf den Grund zu sehen, bedarf es nur einer kleinen Berechnung. Eine doppelte Eisenbahn nimmt 20 Fuß Breite, eine deutsche Meile also 12 Acker Landes (à 40,000 ☐ Fuß), die hier auf 250 Thaler per Acker, also im Durchschnitt auf 3000 Thaler per deutsche Meile kommen dürften. Dagegen haben wir an der Schuylkill etwa 9000 Dollars per englische, oder 45,000 Dollars (60,000 sächsische Thaler) per deutsche Meile allein an Tagelöhnen bezahlt. Ein Tagelöhner erhielt im Durchschnitt 1 Dollar oder 1 Thaler 8 Groschen sächsisch, hier erhält er höchstens 8 Groschen oder ¹/₄ des amerikanischen Lohns; folglich kann man hier mit 15,000 Thaler Tagelöhnen eben so weit kommen als in Amerika mit 60,000 Thaler. Holz dürfte höchstens um 2000 Thaler sächsisch per deutsche Meile in Amerika wohlfeiler zu stehen kommen. Die Bilanz steht also so:

In Nordamerika zahlt man weniger als in Sachsen
für Grund und Boden 3000 Thlr. per deutsche Meile
für Holz . . . . 2000 „ „ „ „
dagegen bezahlt man mehr 5000 „ „ „ „
an Tagelöhnen . . . 45000 „ „ „ „
also baut man Eisenbahnen in
Sachsen wohlfeiler als in Amerika um . . . . 40000 Thlr. per deutsche Meile.

Hieraus erhellt, daß man die Ursachen der riesenmäßigen Unternehmungen der Nordamerikaner anderswo zu suchen hat, als in der Wohlfeilheit des Terrains. Ich will diese Ursachen hier kurz angeben, sie heißen: Unternehmungsgeist, freies Gewerbe, Konkurrenz, freier Verkehr auf einem weiten Territorium und bereitwilliges eifriges Entgegenkommen der Regierungen, wo irgend die Bürger einen Plan zur Verbesserung ihrer Lage entworfen haben.

3

34 Über ein sächsisches Eisenbahn-System 2c.

Meile zu reparieren kosten wird, um wieder eben so lange Dienste zu leisten,¹) höchstens auf 50,000 Thaler per deutsche Meile zu stehen kommen werden, mit Einrechnung aller ge=

---

1) Man muß die Ebnung des Weges vom Oberbau oder von der Bahn unterscheiden. An der ersten Arbeit sparen wäre falsche Öko= nomie. Je ebener der Weg, je weniger Krümmungen, desto besser die Bahn. Diese Arbeit einmal gut verrichtet, ist für alle Zeiten gethan. Je nach der Beschaffenheit des Terrains, ist sie auch die allerteuerste; es giebt einzelne Strecken an der Ohio- und Baltimore-Eisenbahn, die von 100—200,000 Dollars per Meile zu ebnen gekostet haben. In der hiesigen Gegend ist sie die wohlfeilste und verursacht oft Meilen weit gar keine Kosten. Beim Oberbau kann man viel und zweckmäßig ersparen, wenn man statt Schienen von Guß oder Schmiedeeisen starke hölzerne, mit eisernen Reifen beschlagene, legt, welche 7—10 Jahre lang dieselben Dienste leisten, und nach Verlauf dieser Zeit mit einem Auf= wand von etwa 4000 Thalern per deutsche Meile durch neue ersetzt werden. Legt man im Anfang nur eine solche Bahn statt einer dop= pelten mit eisernen Schienen, so ist die Ersparnis sehr bedeutend und dürfte in dieser Gegend 200 Prozent betragen. Die Klugheit erfordert, daß man hier dem reellen Vorteil den Stolz, ein Prachtwerk her= zustellen, zum Opfer bringe. Eine solche wohlfeile Bahn bringt leicht gute Dividenden. Bald wächst der Verkehr, der im Anfang immer nicht so bedeutend ist, durch die Transporterleichterung der Bahn, und rechtfertigt nach Verlauf von 6—10 Jahren die Anlegung eines zweiten Paares Geleise vom solidesten Bau. Ist man bei der ersten Anlage der einfachen Bahn klug zu Werke gegangen, so hat man bereits den Weg auf eine doppelte Bahn angelegt. Die Anlegung eines zweiten Geleises ist also weder mit besonderen Schwierigkeiten, noch mit außer= ordentlich großen Kosten, noch mit Unterbrechungen des Transportes verbunden. Rechtfertigen mit der Zeit Einkommen und wachsender Verkehr eine weitere Ausdehnung der Werke, so beschränkt man den Verkehr für etliche Monate auf die neuen eisernen Geleise und legt an die Stelle des hölzernen gleichfalls ein eisernes. Dies heißt mit andern Worten: man wohnt so lange in einem hölzernen Hause, bis man mit Hilfe des Kapitals, das man auf die Erbauung eines steinernen hätte verwenden müssen, wohlhabend geworden ist, um sich von dem erworbenen Überfluß ein steinernes zu bauen. Die Techniker teilen nicht immer diese Ansichten; doch werden vorsichtige Unternehmer sich dadurch nicht irre machen lassen. Das Hauptaugenmerk der Ingenieure ist gewöhnlich darauf gerichtet, ein Werk herzustellen, das ihrer Kunst Ehre macht; das Hauptaugenmerk der Unternehmer muß darauf ge=

wöhnlichen Durchstiche, Dämme, Überbrückungen und der für das erforderliche Terrain zu leistenden Entschädigung, jedoch mit Ausnahme großer Brücken über Ströme und bedeutender Tunnels.

Ein zweiter bei den hiesigen Lokalverhältnissen besonders in Betracht kommender Umstand ist die Eigenschaft des hiesigen Platzes als Herzkammer des deutschen Binnenverkehrs, des Buchhandels und der deutschen Fabrikindustrie.

Die Zahl der Hin- und Herreisenden und der Durchreisenden mit Einschluß der Meßfremden ist hier größer als an irgend einem andern Ort in Deutschland und würde für sich schon die Anlegung von 4 Eisenbahnen, jede 20 Meilen lang, austragen. Gegenwärtig schon rechnet man, wie ich vernehme, mit Einschluß der Durchreisenden gegen 50,000 Fremde.[1]) Auf die doppelte Zahl oder auf 100,000 würde sie wenigstens steigen, könnte man eine Reise nach Leipzig von 40 Meilen hin und her für 5 Thaler machen, ohne mehr als 10 Stunden auf dem Weg zuzubringen; der Bruttoertrag wäre also in diesem Falle 500,000 Thaler, der Reinertrag, nach Abzug von $\frac{1}{3}$ Reparations- und Zugkosten über 8 Prozent eines Anlagekapitals von 4 Millionen Thaler.

Die Quantität der hier ankommenden, und wieder ab-

---

richtet sein, ansehnliche Dividenden zu machen, und die Aktien zu Wert zu bringen. Dies ist auch in Beziehung auf das Gemeinwesen das Wünschenswerteste; denn nur wenn die Aktien steigen, werden die Kapitalisten sich angespornt fühlen, für weitere Routen zu subskribieren. Noch kommt hierbei in Betracht, daß durch den neuerfundenen Prozeß, die Hochöfen mit geheizter Luft zu speisen und Steinkohle, wie sie aus der Grube kommt, statt Coaks zu gebrauchen, die Preise des Eisens, im Lauf weniger Jahre um 50 Prozent und noch weiter werden herabgedrückt werden.

1) Nach näherer Erkundigung zeigt sich die Anzahl der jährlich hier ankommenden Fremden weit bedeutender, als oben angenommen worden ist. Im Jahre 1817, wo sie freilich ungewöhnlich hoch stand, soll sie sich auf 170,000 belaufen haben, worunter etwa 50,000 Handwerksburschen. Nie beläuft sie sich auf weniger als 100,000, worunter

gehenden Güter, nebst den durchgehenden, die als ankom=
mende und abgehende doppelt in Berechnung zu nehmen
sind, dürfte, mit Einschluß des Salzes und der Bergwerks=
produkte überhaupt, wenigstens 1½ Millionen Centner be=
tragen, die auf eine Strecke von 20 Meilen à 10 Groschen
(die Hälfte der jetzigen Fracht) 625,000 Thaler, also nach
Abzug von ⅛ Transport= und Reparationskosten über 10
Prozent einbrächten.

Endlich kommt die Konsumtion des Platzes selbst in Be=
tracht. Alle Arten von Lebensmitteln nebst den Brenn=
materialien sind hier teurer als in den Seestädten und dabei
bedeutend schlechter. Holz kostet 100 Prozent mehr in der
Stadt, als 4—5 Meilen von hier. Während bei so hohen

---

etwa 30,000 Handwerksburschen. In diesem Jahr steht sie nach einer
mir gültigst mitgeteilten Notiz folgendermaßen:

Novemb.	1832	6116
Dezemb.	„	8864
Jan.	1833	6264
Febr.	„	4201
März	„	5883
April	„	21455
Mai	„	8816
Juni	„	6816
Juli	„	6724
August	„	6691
		81,830

Hierzu die Monate Sept.
und Oktob. während der
Michaelismesse 28,170
Totalsumme während des letzten Jahres 110,000
Darunter zwischen 30—40,000 Handwerksburschen, wovon jedoch ein
großer Teil für die Eisenbahn in Anschlag zu bringen ist, indem, wie
wir hiernach berechnen werden, das Fahren auf der Eisenbahn um
100 Prozent wohlfeiler ist, als das Fußreisen. Übrigens habe ich aus
derselben authentischen Quelle, daß aus mancherlei Ursachen eine be=
deutende Anzahl von Fremden nicht in die Liste kommt. Hiernach
darf man mit Sicherheit annehmen, daß die Eisenbahn jährlich 200,000
Fremde transportieren wird, und daß die Reisenden allein 10—15 Pro=
zent eintragen werden.

Preisen der großen Masse der Bevölkerung das Brennmaterial äußerst spärlich zugemessen ist, liegen 8 Meilen südlich von hier alle Berge voll Steinkohlen. An Fabriken, die Wasserkraft und Brennmaterial erfordern, ist nicht zu denken; kaum sind die vorhandenen Wasserwerke zureichend, das erforderliche Semmelmehl zu liefern, das Schwarzbrot wird dem ärmeren Teil der Bevölkerung vom Lande zu Markte gebracht. Überall gewahrt man, wie der Mangel an wohlfeilen Transportmitteln, die Bevölkerung und die Gewerbsindustrie niederhält. Wie anders wäre es auch möglich, daß der Centralpunkt des deutschen Handels nur 40,000 Einwohner zählen könnte?! Nehmen wir übrigens nur die Konsumtion wie sie ist, so ergiebt sich für ungefähr 60,000 Klafter Holz ein Transportkosten von 150,000 Thalern (à 2½ Thlr. per Klafter); für die übrigen Konsumtionsartikel ist eben so viel anzunehmen.

Eisenbahnen würden Holz, Torf und Steinkohle um mehr als die Hälfte wohlfeiler herbeischaffen. Die Kohle von Zwickau käme nur ungefähr 1½—2 Groschen pr. Ctr. höher in Leipzig als an der Grube, und würde diese Stadt zu einem bedeutenden Fabrikplatz erheben. Das innere Bayern, wo Mehl, Fleisch und andere Lebensmittel um 50—100 Prozent niedriger stehen, als in Leipzig, würde seinen Überfluß in die Gegenden des Erzgebirges und bis an die Elbe und nach den Hansestädten verführen. Was leichter Transport vermag und was schwerer und teurer nicht vermag, darüber können wir die Sandsteine von Pirna zu Zeugen aufrufen, die zu Wasser bis Berlin, Hamburg und Altona, ja in noch größerer Menge bis Kopenhagen gegangen sind und noch gehen, während es ihnen nie möglich war, landwärts nur bis Leipzig vorzudringen. Und doch bedürfte man ihrer hier sehr, wäre es auch nur, um dieser sonst so schönen Stadt Trottoirs zu verschaffen. Wohlfeile Lebensmittel und Brennmaterialien werden teils größeres Wohlbefinden der arbeitenden Klasse, teils geringere Tagelöhne und größere Bevölkerung und infolge derselben Ausdehnung der Gewerbe bewirken. Wohlfeile Baumaterialien und Tagelöhne werden Baulust erregen und die Mietzinse in den neuangelegten und entlegenen Teilen der Stadt ermäßigen. Vermehrung der Bevölkerung und der Gewerbe dagegen werden die Mietzinse und folglich den Wert der zu Handel und Gewerbe gut gelegenen Gebäude im Innern der Stadt erhöhen. Mit einem Wort: Bevölkerung, Gebäudezahl, Gewerbsindustrie, Handel und Wert der Häuser und Grundstücke von Leipzig würden sich in kurzer Zeit verdoppeln, und ich zweifle keinen Augenblick, daß diese Wertvermehrung in Leipzig allein das auf die Eisenbahnen verwendete Kapital in wenigen Jahren weit übersteigen würde.[1])

In der Anlage habe ich einen Plan zu einem sächsischen Eisenbahnsystem skizziert, so gut es mir ohne Lokalaugenschein möglich war. Nach demselben würde die Route von Leipzig nach Dresden sich nach Zwickau, Chemnitz und Freiberg, die von Weimar und Gotha nach Frankfurt am Main und Bamberg verzweigen; durch die Route nach Halle käme das Königreich Sachsen mit den Salzwerken und mit der Saale in Verbindung; durch die nach Dessau, Wittenberg oder Torgau würde die Elbe an einem Punkt berührt, wo die Schiffahrt noch nicht erschwert ist. Dieses im ganzen nicht mehr als 50 Meilen betragende Eisenbahnsystem würde alle Bedürfnisse des Königreichs Sachsen befriedigen, und den Städten Nürnberg, Frankfurt am Main, Braunschweig, Magdeburg, Berlin, Hamburg und Prag auf halbem Wege entgegenkommen. An und für sich brächte es auf ein An-

---

1) In den Kohlenrevieren von Pottsville, Tamaqua, Minersville ꝛc. ist das Land durch die Eisenbahnen von 2 Dollars per Acker auf 100 gestiegen. Gouverneur Clinton schon schätzte in seiner letzten Botschaft die durch den New York=Kanal bewirkte Vermehrung des Wertes von Grund und Boden auf 100 Millionen, d. h. auf das Zehnfache der Anlagekosten des Kanals. Jetzt dürfte man diese Wertvermehrung doppelt so hoch anschlagen.

lagekapital von 3—4 Millionen Thaler eine Dividende von 15—20 Prozent und somit, durch den Anteil, welcher infolge des hier angeschlossenen Entwurfs dem Staate hieran zugesichert ist, für den etwa in den Staatsfinanzen entstehenden Ausfall reichliche Entschädigung. Daß mit der weiteren Fortsetzung dieser Routen die Dividenden noch jedes Jahr zunähmen, könnte nicht fehlen. Man bedenke nur, wie hoch die Zahl der Meßfremden, der Bade- und Lustreisenden anwachsen würde, könnte man von Nürnberg, Frankfurt, Hamburg und Prag in einem Tag für etwa 5—6 Thaler; von Braunschweig, Magdeburg ꝛc. in einem halben Tag für 2—3 Thaler; von Dresden in 3 Stunden für 1—2 Thaler und noch dazu ohne alle Reisebeschwerde, wie in einer Sänfte getragen, nach Leipzig kommen. Jede weitere Ausdehnung einer jeden der vier Hauptrouten würde die Geschäfte und das Einkommen des Centralpunkts erweitern und vergrößern.[1]

Was sind aber vier Millionen, ja ich frage, was sind sechs und zehn Millionen Aufwand, bei so großen Nationalinteressen, wo zumal das verwendete Kapital so außergewöhnliche Interessen trägt?[2] Je mehr unter solchen

---

1) Hätte man erst in Leipzig in der Anlegung von Eisenbahnen Erfahrung und Übung gewonnen, wäre der Unternehmungsgeist durch glücklichen Erfolg der in den nächsten Umgebungen gemachten Unternehmungen erweckt, und die Fonds von Leipzig durch den hohen Stand der Aktien vermehrt, so würde man hier fortwährend auf die Fortsetzung der hier konzentrierenden Linien spekulieren. Die Anlegung von Eisenbahnen würde ein Hauptgeschäft der hiesigen Bankiers und Kapitalisten werden.

2) Der Staat Pennsylvanien allein hat im Lauf der verflossenen 20 Jahre 36 Millionen Dollars oder 48 Millionen sächsische Thaler auf Kanäle und Eisenbahnen verwendet. Die ganze Länge der von der Regierung und den Privaten bereits hergestellten Kanäle und Eisenbahnen wird nahezu 1500 englische oder 300 deutsche Meilen betragen. Die Regierung allein hat ungefähr 600 Meilen Kanäle und etwa 150 Meilen Eisenbahnen auf eigene Rechnung unternommen und ungefähr 15 Millionen Dollars oder 20 Millionen sächsische Thaler darauf ver-

Umständen verwendet werden kann, desto besser. Schon die
Verwendung so großer Kapitale verbreitet Nahrung, Arbeit,
Segen und Wohlstand unter der Masse der längs der Route

wendet, die durch Anlehen à 5 Prozent bestritten wurden. Pennsyl=
vanien ist weder bevölkerter noch reicher als das Königreich Sachsen.
Hätte es diese Werke nicht unternommen, so wäre es jetzt um 48 Mil=
lionen ärmer und seine Industrie und sein Landbau wären um 30
Prozent weniger blühend, als sie es sind. Der Staat New York, nach=
dem er ungefähr 12 Millionen auf Kanäle und Eisenbahnen verwendet
hat, projektiert jetzt für 24 Millionen Thaler Eisenbahnen, wofür be=
reits die Charten bei der Gesetzgebung nachgesucht und von ihr erteilt
worden sind. Darunter sind zwei Routen von New York, nach dem
Eriesee, wovon die eine bis nach den großen Bleibergwerken im Missouri=
gebiet fortgesetzt werden soll. Manche dieser Unternehmungen sind be=
reits begonnen, und werden von armen deutschen und irländischen
Auswanderern bearbeitet. Ich habe im Anfang die Absicht gehabt,
dieser Schrift eine Karte aller Eisenbahnunternehmungen in den Ver=
einigten Staaten beizufügen, fand aber, es wäre Thorheit, weil, um
einen Begriff von diesen Werken zu geben, man nur sagen darf, daß
alle bedeutenden Orte durch die ganze Union Eisenbahnen in der Arbeit
haben, oder projektieren, um unter sich und mit den großen Seehandels=
plätzen in Verbindung zu treten. Zwischen Boston, New York, Balti=
more und Washington, ist die Verbindung beinahe hergestellt; wo sie
es nicht ist, wird daran gearbeitet. Schon wird die Hilfe des Kon=
gresses in Anspruch genommen, um die Linie von Washington durch
die südlichen Staaten bis nach Neu=Orleans fortzusetzen. Da die süd=
lichen Pflanzer während der ungesunden Jahreszeit den Norden, und
die Nordmänner während der kalten Jahreszeit den Süden zu besuchen
pflegen, so werden die Reisenden allein dieser großen Route reiche
Dividenden bringen. In ungefähr 10 Jahren wird man vom nörd=
lichsten Punkt der Vereinigten Staaten, vermittelst Eisenbahnen und
Dampfwagen bis in die Nähe der Texas (2000 Meilen) in 8 Tagen
und für 50 Dollars gelangen. Ferner führen 6 Hauptrouten von
Osten nach Westen, jede 200—300 Meilen lang: eine von Boston nach
dem See Ontario; zwei von New York, eine südliche und eine nörd=
liche nach dem Eriesee, wovon eine noch weiter durch das nördliche
Pensylvanien, Ohio, Indiana, Illinois nach dem Mississippi; eine von
Philadelphia nach Pittsburg; eine von Baltimore nach Wheeling; eine
von Charleston nach Columbia. Die westlichen Staaten wetteifern
ihrerseits mit den östlichen. In Kentucky ist eine Bahn zwischen Frank=
furt und Louisville bereits hergestellt. Ohio, Indiana, Illinois haben

lebenden Bevölkerung, denn $9/_{10}$ Teile des Aufwandes kommen den arbeitenden Klassen zu gute.

Wie gegen alle großen und folgereichen Neuerungen erheben sich auch gegen diese eine Menge Zweifel und Bedenklichkeiten. Man besitze, heißt es, hier zu Lande keine so großen Kapitale, nicht so vieles bare Geld, um so riesenmäßige Nationalwerke zu unternehmen; England und Nordamerika seien im Besitz des Welthandels und großer Reichtümer, sie könne man in solchen Dingen nicht zum Muster nehmen; auch habe es hier mit den Reisen und Gütertransporten keine so große Eile und der Transport sei jetzt schon wohlfeil genug; da die Regierungen an Postrevenüen bedeutend verlieren dürften, so sei von dieser Seite keine besondere Unterstützung zu erwarten; vielmehr werde man Bedenken tragen, soviele, seit unfürdenklichen Zeiten im Besitz befindliche Gewerbe zu verletzen oder gar zu zerstören. Es kann nicht schwer fallen, die Unstatthaftigkeit dieser Einwendungen, sollten sie je im Ernste sich erheben, nachzuweisen.

Den Finanzpunkt anlangend, so ist darüber von einsichtsvollen Leuten keine weitere Einwendung zu befürchten, sobald nachgewiesen ist, daß das so verwendete Kapital die höchsten Interessen im Lande trägt. Unter dieser Voraussetzung kann kein Aufwand zu groß befunden werden. Auch hat Sachsen, ist es ihm nur mit der Unternehmung ernst, über hundertmal mehr Kapital und bares Geld zu gebieten, als erfordert wird.[1]) Daß Nordamerika große Kapitale und

nicht minder bedeutende Projekte und darunter einige schon in der Ausführung. Die Halbinsel Michigan sogar, die noch nicht einmal unter die Staaten aufgenommen ist, projektiert die Verbindung des Erie= mit dem Michigansee. In ungefähr 15 Jahren wird man leichter 6000 Meilen weit in den Vereinigten Staaten reisen, als gegenwärtig 600 in Deutschland. Alle Staaten und Territorien von Maine bis Louisiana, und alle westlichen Länder wird man in 4 Wochen mit Gemächlichkeit sehen können.

1) Ich erlaube mir hier anzuführen, was ich schon in meinen Mitteilungen hierüber gesagt habe:

„Man wird mich vielleicht fragen, woher Bayern das Geld nehmen

mehr bares Geld besitze, ist nicht einmal wahr; die meiste Wertausgleichung geht dort in bloßen Wertzeichen von statten, die man in Sachsen eben so gut kreieren kann. Eine Summe

soll, um solche Riesenwerke zu vollbringen? Ich antworte, daß ich noch an keinem der Kanäle oder Eisenbahnen, die ich bis jetzt gesehen, Silber oder Gold wahrgenommen habe. Man konsumiert dabei nur Lebensmittel, Eisen, Steine, Holz, Kräfte der Menschen und Tiere. Ist aber nicht alles dies in Bayern im Überfluß? Indem man diesen Überfluß in Kanäle und Eisenbahnen verwandelt, die man noch nicht besitzt, schafft man bleibende und dauernde Werte, schafft man Instrumente, die alle produktiven Kräfte der Nation verdoppeln. Das Geld aber geht nicht fort, es gleicht nur die Werte aus. Die vorigen Besitzer desselben erhalten nun Aktien, für die sie zu jeder Zeit auf dem Geldmarkt eine größere Summe Geldes erhalten können, als sie dafür gegeben haben. Anstatt durch ein solches Unternehmen geschwächt zu werden, fühlt sich die Gesellschaft nach Vollendung desselben gestärkt und zu neuen Unternehmungen ermutigt. Hierin liegt das große Geheimnis der großen Unternehmungen in den Vereinigten Staaten." (l. pag. 15.)

„Diese Vorteile sind evident genug, um der Masse des Volks einzuleuchten. Wo immer ein Unternehmer dieser Art die Interessen der Anlagskosten zu decken verspricht, ist man sicher, zureichende Subskriptionen von denen zu erhalten, die Hoffnung haben, dadurch ihre Gewerbe zu verbessern, oder den Wert ihrer Häuser, Ländereien und Produkte zu erhöhen. Die ganze Masse der Bevölkerung findet die Möglichkeit, an dem Unternehmen teilzunehmen, in dem Unternehmen selbst. Der Gewerbsmann wird durch vermehrte Geschäfte für die Kanalarbeiter, der Landbauer durch vermehrten Absatz seiner Produkte, der Arbeiter durch das Tagelohn in den Stand gesetzt, Aktien zu nehmen und zu bezahlen. Aus diesen Umständen, nicht aus dem Vorhandensein großer Kapitale und großer Summen baren Geldes muß man sich erklären, daß zu dergleichen Unternehmungen sich häufig mehr Unterzeichnungen finden als man bedarf." (ibid. pag. 17.)

„Bei allem dem ist die Herstellung eines solchen Kommunikationssystems in der That keine solche Riesenarbeit als man sich vorstellt. Wie viele Eisenbahnen lassen sich mit Hilfe von 10,000 oder 20,000 Menschen im Lauf von 5 oder 10 Jahren bauen? Gehen aber in ganz Bayern nicht 10,000 Menschen aus Mangel an Arbeit müßig? Oder könnten nicht 10,000 Menschen aus der übrigen Zahl der Arbeiter ausgehoben und für diese Zwecke verwendet werden, ohne daß ein einziger Metzen Korn weniger gepflanzt, oder das geringste an

von 4—6 Millionen Banknoten würde hier kaum den dritten Teil des cirkulierenden baren Geldes ausmachen, während in Nordamerika zwei- und dreimal soviel Banknoten cirkulieren als bares Geld.[1]) Welthandel, so wünschenswert er

Manufakturwaren weniger produziert würde, weil die übrigen Arbeiter durch erhöhtes Tagelohn zu größerer Kraftanstrengung bewogen würden? Auf diese Weise erscheint das ganze Werk nur als ein Produkt vermehrter Kraftanstrengung. Man bedenke doch nur, wie viele Eisenbahnen hergestellt werden könnten, durch die Kraft, die jetzt in den Kasernen im Müßiggang konsumiert wird." (ibid. pag. 20.)

1) Da in neueren Zeiten auch von andern der Vorschlag gemacht worden ist, für den Zweck der Anlegung von Eisenbahnen Wertzeichen zu kreieren, so wird es nötig sein, durch einige Stellen aus meinen früheren Abhandlungen über diesen Gegenstand zu beweisen, daß ich dieses Mittel schon vor mehreren Jahren vorgeschlagen habe:

„... daß man, indem man Kanäle und Eisenbahnen baut, kein Geld, sondern nur überflüssiges Getreide verbraucht, zeigt sich hier, wo die Wertausgleichungen größtenteils in Papier gemacht werden, ganz klar. Ein Bauer nimmt ein Anlehen bei der Bank, das er in Noten bezieht und womit er seine Aktien bezahlt. Die Noten wandern sofort in die Hände des Kontraktors und hierauf in die Hände der Arbeiter, die sie dem Bauer wiederbringen, um sich dafür Lebensmittel zu kaufen, dieser aber giebt sie ohne weiteren Verzug der Bank zurück, um seine Schuld abzulösen. Hier hat der bloße Kredit der Bank das Wunder gewirkt, Holz, Steine und Eisen zu einer produktiven Maschine zusammen zu fügen, und das Getreide des Bauers in eine Dividende bringende Aktie zu verwandeln." (Mitteilungen I. pag. 24).

In den Vereinigten Staaten geht beinahe alle Wertausgleichung in Papier von statten. Ich sehe nicht ein, warum dies nicht auch, wenigstens zum Teil, in Bayern sollte bewerkstelligt werden können. Eine Bank, die auf den Wert von Grundeigentum und den Ertrag der Eisenbahnen fundiert wäre, sollte um so mehr Kredit finden, als noch gar keine Zettelbank im Königreich besteht. Die Vereinigten Staaten besitzen kaum den vierten Teil des Betrages ihrer umlaufenden Papiere an barem Geld ꝛc. Daß hingegen ein Land wenigstens so viel an Banknoten im Umlauf haben kann, als bares Geld vorhanden ist, wird kein Sachverständiger bezweifeln. Bayern, das wenigstens 30—40 Millionen Gulden bares Geld in Cirkulation hat, wird also ohne die geringste Gefahr 10 Millionen Noten ausgeben können, zumal wenn diese Summe nur nach und nach im Lauf mehrerer Jahre, gerade in demselben Verhältnis, in welchem das Eisenbahnsystem die produktiven

ist, und so sehr er die innere Industrie befördert, wird hier kaum von denen in Anschlag gebracht werden, die wissen, daß der innere Verkehr zum auswärtigen sich in den größten Handelsreichen wie 15 zu 1 (in ganz Deutschland vielleicht

Kräfte vermehrt, folglich eine Vermehrung der Cirkulationsmittel nötig macht, in Umlauf gebracht würde. Im Fall dort die Errichtung einer solchen Bank thunlich und rätlich befunden würde, könnten durch dieses Mittel die Interessen der Anlagekosten um zwei Drittteile vermindert werden, da in diesem Fall nur so viel an Interessen zu berechnen wäre, als diejenige Summe kostet, die in der Bank vorrätig gehalten werden müßte, um den Kredit der Papiere durch Barzahlung, insoweit sie von den Noteninhabern verlangt werden sollte, aufrecht zu erhalten. Dies mit dem dritten Teil des Betrags der umlaufenden Noten zu bewirken, dürfte um so weniger Anstand haben, als schon eine Finanzverordnung, daß die Noten von den öffentlichen Kassen genommen werden sollen, ihnen den Umlauf verbürgen müßte ꝛc.". . . .
„Hier bitte ich diesen Gegenstand bloß als Andeutung zu betrachten. Ich nehme demnach an, daß der Staat den ganzen Aufwand in barem Geld aufzutreiben habe. In diesem Fall muß man sich aber ja nicht vorstellen, daß die zehn Millionen Gulden an einem Tag aufzumarschieren hätten, um wieder in Masse abzumarschieren. Da die Herstellung des Werks wenigstens einen Zeitraum von 5 Jahren erfordern würde, so müßte die Anleihe in 20 vierteljährige Raten zerschlagen werden, wovon jede eine halbe Million Gulden betrüge. Mit Verwendung der ersten Rate träte diese Geldmasse in das Publikum zurück, und dieselben Thaler, welche zur ersten Anleihe gedient hätten, könnten möglicherweise alle übrigen Anleihen bewerkstelligen. In drei Monaten wäre es ihnen wohl möglich, aus der Baukasse in die Hände des Kontraktors, von da in die Hände der Arbeiter, von da in die Hände der Landwirte und Handwerker und von da in die Hände der Kapitalisten zurück zu marschieren.
Wäre es gar möglich, diese Thaler so anzuspornen, daß sie den hier bezeichneten Kreislauf in 8 Tagen vollbringen könnten und würde dann die Anleihe in wöchentliche Raten zerschlagen, so wären 15,000 bayersche Thaler vollkommen zureichend, um in einem Zeitraum von 10 Jahren rohe Eisensteine, Bruchsteine, Holz und Viktualien in eine Eisenbahn von 10 Millionen Gulden Wert zu verwandeln ꝛc. Unter allen leblosen Gegenständen giebt es keinen, der von so unruhiger Natur wäre als die Thaler. Sie rennen täglich und stündlich nach Geschäften und finden sie keine im Lande, so wandern sie aus. Das Müßigliegen ist ihrer Natur zuwider ꝛc. Daß man Thaler vom Aus=

wie 30 zu 1) bem Wert, und wie 50—100 zu 1 dem Gewicht nach verhält, daß daher Transporterleichterungen im Innern vorzüglich auf die Belebung des innern Verkehrs wirken, und daß der innere Verkehr diese Transporterleichterungen vorzüglich bezahlen muß.[1]) Aus diesem Grund ist auch noch niemand eingefallen, zu behaupten, daß es sich in Deutschland nicht verlohne, Chausseen zu bauen, weil dieses Land bei weitem keinen so starken auswärtigen Handel besitze als England. Haben in England die Eisenbahnen wegen des großen Welthandels einen größeren Transport, als in Deutschland, so sind auch die Baukosten, das Terrain, die Unterhaltungskosten und Gehalte um so größer. Die Eisenbahn von London nach Bristol soll nach dem Überschlag 3 Millionen Pfund Sterling, also 21 Millionen

land kommen läßt, ist vergeblich; denn wenn sie nicht durch vermehrte Industrie im Lande Beschäftigung finden, so kehren sie schnell nach Amsterdam und London zurück; vermehrt sich aber die Industrie, so kommen sie von selbst. (Mitteilungen II. S. 43.)

Ich wiederhole hier, daß alle deutsche Staaten, indem sie den Compagnien die Privilegien erteilen, zum Belauf ihrer Auslagen Banknoten auszugeben und dagegen Hypotheken in die Kasse zu legen, die Mittel geben können, Eisenbahnen anzulegen so viel sie deren bedürfen. Vermittelst der Ausübung dieses Privilegiums werden die Compagnien die Anlagekosten höchstens zu 2 Prozent verinteressieren, während sie, auf nur halbgünstigen Routen, wenigstens 6 Prozent einnehmen. Mit diesen Papieren kann unmöglich Mißbrauch getrieben werden, da die Compagnien auf eine gewisse Summe beschränkt sind, und das Publikum den Compagnien gegenüber doppelt und dreifach gedeckt ist. Zugleich würden diese Papiere alle Finanzgeschäfte erleichtern. Uns sollte Wunder nehmen, wenn die Finanzleute im Süden nicht längst schon auf den Gedanken gekommen wären, es sei leichter Seidenpapiers auf den Postwagen hin und her zu führen, als Metalle. In diesen Gegenden versteht man die Sache schon besser. Preußen soll, wie man versichert, 17 Millionen Scheine im Umlauf haben, die auch in Sachsen gerne genommen werden.

1) Um den großen Unterschied des innern und äußern Verkehrs in Beziehung auf Gewicht anschaulich zu machen, setze ich aus den mehrerwähnten Mittheilungen (II. pag. 7) folgende Berechnung hierher: „die Frachtersparnis beträgt, wie wir oben angenommen haben und

sächsische Thaler, folglich 200,000 Thaler per englische Meile kosten, während 10—15,000 Thaler per englische Meile also die Interessen jener Summe zureichen, eine Bahn herzustellen, welche die Bedürfnisse des Verkehrs zwischen Leipzig und Dresden vollkommen befriedigt. Wahrscheinlich sind nach bekannten früheren Vorgängen unter jenen 21 Millionen auch eine halbe Million Thaler Unkosten für die Erlangung der Parlamentsakte begriffen.

Wer sich über Mangel an Kapital in Deutschland beklagt und doch dabei auf die Eile beim Transport keinen großen Wert legt, bedenkt nicht, daß Beschleunigung des Bezugs der rohen Materialien und Beschleunigung des Absatzes der Fabrikate ebenso wirkt wie Kapitalvermehrung.

Wie die Regierung sollte verlieren können, wenn die produktiven Kräfte des Volkes so außerordentlich zunehmen, ist schwer zu begreifen. Vielmehr muß jedem klaren Ver-

hiernach beweisen werden, wenigstens $3/4$ oder $1 1/2$ kr. per Stunde und Centner, also auf hundert Stunden 2 fl. 30 kr. per Centner. Dies beträgt:

Auf 1 Ctr.	Seidenwaren	im Wert	2000 fl.	$1/800$	Prozent
" 1 "	Wollenwaren	"	"	370	"	$3/4$	"
" 1 "	Baumwollenwaren	"	"	100	"	$2 1/2$	"
" 1 "	gemeine Wolle	"	"	50	"	5	"
" 1 "	Flachs	"	"	$33 1/2$	"	10	"
" 1 "	Hanf	"	"	20	"	15	"
" 1 "	Wein	"	"	20	"	15	"
" 1 "	Gerste, Salz, Bier, Getreide ꝛc.	"	"	5	"	50	"
" 1 "	Kartoffeln	"	"	1	"	250	"
" 1 "	Steinkohlen	"	"	$1/2$	"	500	"
" 1 "	Holz	"	"	$1/4$	"	1000	"
" 1 Tonne	Gips, Kalk	"	"	3	"	1666	"
" 1 "	Bruchsteine	"	"	1	"	2332	"

Nun vergleiche man mit den großen Ersparnissen, welche durch die Frachterleichterung in den gemeinsten Lebensbedürfnissen gemacht werden, das große Gewicht der Produktion und Konsumtion in diesen Artikeln und es bedarf keiner weiteren Erläuterung, wieviel der innere Verkehr dadurch gewinnt."

stand einleuchten, daß der Staat überall dadurch gewinnen muß: in allen Arten von Abgaben, weil Produktion und Konsumtion steigen; am Salztransport, im Postwesen, im Chausseebau, in der Militär- und Domänenadministration 2c. und, nach unserem Vorschlag, unmittelbar durch Teilnahme an den Dividenden.

Endlich giebt es kaum eine einzige Verbesserung in der langen Reihe der Erfindungen, die nicht einzelnen Gewerben und Personen für einige Zeit nachteilig gewesen wäre. Zur Zeit der Erfindung der Buchdruckerkunst mögen in Leipzig für den Augenblick wohl über ein Dutzend Abschreiber arbeitslos geworden sein; heute beschäftigt hier die Presse 5000 Menschen. So gut es Thorheit gewesen wäre, den Fortschritten des Erfindungsgeistes Einhalt zu thun, um jene Abschreiber in Thätigkeit zu erhalten, so thöricht wäre es heute, um etlicher Gastgeber und Fuhrleute willen, auf die unermeßlichen Wohlthaten der Eisenbahnen Verzicht zu leisten.

Andere zweifeln an der Solidität der Eisenbahnspekulationen selbst und wollen wissen, die Eisenbahn zwischen Liverpool und Manchester sei nur durch ein Zusammentreffen außerordentlicher Umstände so einträglich. Läge der Vorteil überall sonst nur so auf platter Hand, wie man wähne, so würde man längst von andern und größeren Spekulationen aus England gehört haben. Die Unternehmungen in den Vereinigten Staaten seien noch zu neu, und zu wenig durch die Erfahrung bewährt; dort werden, wie in allen Handelsstaaten, dergleichen Spekulationen gar leicht zur Manie 2c.[1]

---

[1] Andere, die schon zurückschrecken, wenn sie nur von einer Dampfmaschine hören, fürchten sich vor der Explosion des Kessels, vor Schwindel und Ersticken, weil der Wagen gar zu schnell die Luft durchschneide, und vor dem Überfahrenwerden, indem ihnen das Unglück des Herrn Huskisson noch in entsetzlicher Erinnerung schwebt. Diese können wir versichern, daß ihre Furcht in jeder Hinsicht ungegründet ist, am meisten die vor der Explosion. Denn erstens ist nach der neuesten Vervollkommnung des Dampfwagens ein solches Ereignis

Der Verkehr zwischen Manchester und Liverpool ist ungewöhnlich groß, es ist wahr, dabei muß man aber wissen, daß dort zwei Kanäle und vortreffliche Landstraßen und Eilposten konkurrieren. Überdies war das Terrain besonders ungünstig und der Aufwand enorm. Diese Umstände zu-

nicht möglich. Die anderen Gründe könnte ich mir wohl ersparen, allein zur vollkommenen Beruhigung bemerke ich zweitens, daß eine Einrichtung getroffen werden kann, welche die Passagiere, im Fall eine Explosion möglich wäre, außer aller Gefahr stellt. Wem das Schneiden der Luft unangenehm ist, der schließt das Wagenfenster. Huskissons Unglück und alle übrigen Unfälle, die sich seitdem auf Eisenbahnen ereignet haben, sind der Unachtsamkeit der Verunglückten zuzurechnen. Diese Vorfälle sind von der Oppositionspartei tüchtig benutzt worden, um dem Publikum vor den Dampfwagen bange zu machen. Die neuesten amerikanischen Blätter enthalten einen guten Hieb gegen dergleichen Contre-Mineurs, den wir hier mitteilen: „Unglücksfall auf der New-Jerseybahn: Gestern wurden die Passagiere auf der Rückkehr durch die Wehklagen eines Mitpassagiers sehr erschreckt. Man war genötigt anzuhalten, und den jammernden Passagier in den benachbarten Gasthof zu bringen, wo er nach wenigen Minuten — von einem gesunden Knaben glücklich entbunden ward; dies ist das erste Unglück (serious accident), das sich nach einem Transport von mehr als 40,000 Personen auf dieser Bahn ereignet hat." Wie schnell es dort geht, erhellt aus nachstehendem Artikel. „New York den 6. Juli. Vorgestern früh (am Jahrestag der Unabhängigkeit) sind viele unserer Bürger nach Philadelphia gegangen, um dort mit ihren Freunden das Fest zu feiern und am nämlichen Tag von ihnen begleitet, wieder hierher zurückgekommen. (Die Entfernung ist 100 Meilen). Wir hoffen noch zu erleben, daß man in einem langen Sommertag zwischen Philadelphia und New York zweimal wird Briefe wechseln können." Man sieht, den Amerikanern geht es immer noch nicht schnell genug. In der Alten Welt fürchtet man immer nur, es möchte gar zu schnell gehen. Nichts ist dem Amerikaner in Deutschland auffallender als die geringe Zahl von Dampfbooten. Vor einigen Jahren reiste ich mit einem Amerikaner Herrn D. aus B. zur See. Reich und reiselustig bis zur Manie, hatte der Mann alle Länder der Erde gesehen, hatte jetzt eben die Kontinente von Südamerika und Asien durchzogen und kam aus Persien über Wien 2c. nach Paris und Havre; dieser sagte mir, nichts sei ihm auf seinen Reisen merkwürdiger vorgekommen, als daß er in ganz Persien nur einen Wagen und in ganz Deutschland nur ein Dampfboot (auf dem Bodensee) gesehen habe.

sammen genommen, machen jene Route zu einer sehr gewöhnlichen in Hinsicht auf den Finanzpunkt; gleichwohl trug sie vor 2 Jahren schon 8 Prozent. Daß aber jenes Unternehmen seither nicht größere Nachahmung gefunden hat, davon lag die Ursache in der starken Opposition, welche die Kanal-, Küstenfahrt- und Chausseeinteressen innerhalb und außerhalb des Parlaments den Eisenbahnen entgegen zu stellen wußten. Das reformierte Parlament hat nun das Eis gebrochen und seitdem hören wir von einer Menge Eisenbahnunternehmungen (London und Birmingham, London und Bristol, Edinburg und Glasgow, London und Brighton, London und Dover 2c.), die zusammen auf nicht weniger als 15 Millionen Pfund Sterling oder über 100 Millionen Thaler veranschlagt sind.

In den Vereinigten Staaten dagegen hatten diese Verbesserungen raschen und ungehemmten Fortgang, seitdem die Resultate der Stockton- und Darlington-Eisenbahn bekannt geworden sind. In allen Dingen praktisch, wußten die Amerikaner auch diese Verbesserung auf diejenige Weise in Anwendung zu bringen, die sich am besten für die Verhältnisse ihres Landes eignet. Mit nur geringer Ausnahme baute man dort Bahnen mit starken hölzernen, auf noch stärkeren hölzernen Blöcken ruhenden Schienen (Rails), die man mit eisernen Reifen (plates) 1 Zoll breit und $1/8 - 1/4$ Zoll stark, beschlug. In einigen Gegenden legte man Blöcke von Granit und beschlug sie auf ähnliche Weise. Diese Bahnen kosteten, je nachdem das Terrain mehr oder weniger Schwierigkeit darbot, von 5000—20,000 Dollars per englische Meile. Man wollte keine vollendeten Meisterwerke herstellen, aber man wollte die gegenwärtigen Bedürfnisse des Handels befriedigen, gute Dividenden ziehen, und dabei Handel und Industrie befördern, um dereinst mit um so größerem Vorteile massive Werke anlegen zu können. Einem so klugen und zweckmäßigen Verfahren konnte der Erfolg nicht entgehen; ich kenne keine vollendete Bahn, deren Aktien nicht von 20—100 Prozent über pari ständen, und daß dieser hohe Stand der Aktien in keiner Manie, sondern in soliden Berechnungen ihren Grund hat, beweisen die Dividenden.[1]

Weit entfernt übrigens hiermit vorschlagen zu wollen, man solle ein ganzes System von Eisenbahnen in Sachsen auf einmal beschließen und überall sogleich Hand ans Werk legen, habe ich mit dem bisher Gesagten nur darthun wollen, daß, wenn das Ganze so große Vorteile biete, im einzelnen gar nicht fehlgegriffen werden könne. Eisenbahnen sind hierzulande noch eine unbekannte Sache, es ist also vor allen Dingen erst eine Probe zu machen, und zwar mit derjenigen Route, welche die meisten Vorteile und die wenigsten Schwierigkeiten darbietet. Dies ist offenbar der Fall zwischen Leipzig und Dresden. Hier ist es eine reine Unmöglichkeit, daß nicht bedeutende pekuniäre Vorteile erreicht werden. Diese Route ist die wichtigste für den geistigen, häuslichen und politischen Verkehr des Landes und eine der bedeutendsten für den merkantilischen. Ist diese Route erst hergestellt, so kann alles, was im Königreich Sachsen in kommerzieller so-

---

[1] Den Kanälen geht es in den Vereinigten Staaten schlimm und immer schlimmer. Die Lancaster-Kanal- und Schleusenschiffahrt, die 100,000 Dollars gekostet hat, ward kürzlich von den Aktionären in der Desperation für 17,000 Dollars zu Anlegung von Mühlwerken verkauft. Das herrlichste Werk dieser Art in den Vereinigten Staaten der Chesepeak- und Delaware-Kanal, bezahlt kaum die Kosten und die Compagnie hat nach einem Aufwand von 2 Millionen Dollars neuerlich, obwohl vergeblich, zum Behuf beabsichtigter Verbesserungen ein Anlehen von 400,000 Dollars zu machen versucht. Inzwischen hat der Konkurrent desselben, die Newcastle- und Frenchtown-Eisenbahn, eine Dividende von 10 Prozent erklärt. Sogar der große New York-Kanal macht keine weiteren Fortschritte und wird einen mächtigen Konkurrenten in einer Eisenbahn erhalten, die Colonel Clinton, der Sohn desselben Mannes, der die Anlegung des Kanals verursachte, projektiert hat. Am besten hat sich die Sache zwischen New York und Philadelphia gemacht. Dort hat der Delaware- und Raritan-Kanal die Camden- und Perth-Amboy-Eisenbahn geheiratet, um sich gegen jeden Glückswechsel sicher zu stellen. Damit aber auch hier kein Monopol entstehe, ist bereits eine zweite Route (über Trenton) im Werk.

wohl, als in politischer und intellektueller Beziehung nur irgend Einfluß und Stimme hat, sich jeden Tag von den großen Vorteilen der Eisenbahnen überzeugen; so können jährlich 100,000 Fremde diese große Verbesserung aus eigener Anschauung kennen lernen, und die Kunde davon nach allen Gegenden Deutschlands tragen.

Auf dieser Route gehen täglich zu Fuß, zu Pferd und zu Wagen, mit eigenen Fuhrwerken, mit Lohnkutschern oder mit der Post ungefähr 30 Personen hin und 30 her. Wenn man aber auf der Bahn in 3 Stunden von Leipzig nach Dresden gelangen kann, viel bequemer als im eigenen Wagen mit Extrapost, und viel wohlfeiler als zu Fuß,[1]) so werden die Vornehmsten wie Geringsten sich derselben bedienen, es wird daher nicht übertrieben sein, anzunehmen, daß nach hergestellter Bahn täglich 60 Personen hin und 60 hergehen werden.[2]) Für einen Sitz in schönen be-

---

[1]) Der gemeinste Tagelöhner verdient täglich 8 Groschen, versäumt also auf einer Hin= und Herreise von 5 Tagen einen Verdienst von 40 Groschen. Seine Zehrung unterwegs bestreitet er nicht unter 8 Groschen täglich oder 40 Groschen im ganzen. Folglich kostet ihm die Fußreise wenigstens 3 Thaler 8 Groschen. Auf der Eisenbahn bezahlt er: Fuhrlohn hin und her 1 Thaler 12 Groschen, ihm bleiben, wenn er morgens 9 Uhr dort ankommt und abends 4 Uhr abgeht, 7 Stunden zur Verrichtung seiner Geschäfte, seine übrigen Unkosten wird er leicht mit 6 Groschen bestreiten; es kostet ihn also eine Reise auf der Eisenbahn nur 1 Thaler 18 Groschen, folglich nur ungefähr die Hälfte der Kosten einer Fußreise.

[2]) Überall, wo Eisentransport eingeführt worden ist, hat man eine zehnfache Vermehrung der Passagiere wahrgenommen. Zwischen New York und Philadelphia gehen täglich 700 Passagiere, ungeachtet noch Dampfboote mit der Eisenbahn konkurrieren. Zwischen Stockton und Darlington (Bevölkerung 26,000 Seelen) ging wöchentlich fünfmal ein einziger Postwagen; nach Eröffnung der Eisenbahn zählte man im Durchschnitt 90 Reisende jeden Tag.

Sollte übrigens die Erwartung der Unternehmer in Ansehung der Vermehrung der Passagiere hier nicht in Erfüllung gehen, so kann man das oben angesetzte Fahrgeld verdoppeln und die Fahrt auf der Eisenbahn wird immer noch wohlfeiler sein, als jede andere Art zu reisen. Ja ich glaube, daß bei einer dreifach höheren Taxe (4½ auf den ersten

deckten Wagen mit Fenstern rechnen wir 1½ Thaler, für unbedeckte Sitze ¾ Thaler. Es wird also täglich von Reisenden eingenommen werden:

60 Personen à 1½ = 90 Thaler.
60   „   à ¾ = 45   „
              _____
              135 „ jährlich   49,275 Th.

Zur Meßzeit werden wenige Fremde hierher kommen, die nicht den Sonntag über der Residenzstadt Dresden einen Besuch abstatten. Dies wird besonders in den ersten Jahren, schon wegen der Neuheit der Sache, der Fall sein. Teils um allzugroßen Andrang abzuhalten; teils der Revenue halber wird während dieser Zeit das Fahrgeld auf 2 Thaler und 1 Thaler zu stellen sein. Wir nehmen nur an: 5000 Personen hin und her jede Messe:

3000 à 2 = hin und her 4 = 12,000 Th.
2000 à 1 =   „   „   „ 2 = 4,000 „
                              _____
                              16,000 „
2 Messen . . . .   32,000 „

Spazierfahrten der Bevölkerung von Dresden und Leipzig nach zwischen gelegenen Orten, 3—6 Meilen à 3 Groschen die Person à 50 Thaler die Woche = 100 Thaler   5200 „
                                                                                                                                                              _____
im ganzen vom Personentransport . .   86,475 Th.

200,000 Centner Waren hin und ebensoviel her,[1] inkl. Salz, Wolle, Bergwerksprodukte

---

und 2½ auf den zweiten Sitz) die Eisenbahn unbedingt vorgezogen werden würde. Hier also sind Mittel genug, etwaige Ausfälle in der Zahl der Passagiere zu decken.

[1] Ich bin von Sachverständigen versichert worden, daß diese Summe für den gegenwärtigen Verkehr angenommen werden könne.

und alles dessen, was nach Wien und Prag geht, halb soviel als bisher, à 6 Groschen	100,000 Th.
Für Steine, Steinkohle, Getreide, Gips, Kalk, und sonstige Artikel	6,000 „
Totaleinnahme	192,475 Th.

davon geht:

Reparationskosten, Aufsicht und Administration
der Bahn à 2½ Prozent eines Anlagekapitals von 1,000,000 Thaler . . . .   25,000 „

```
6 Maschinen   à 4000 = 24,000 25% Reparat. = 6000
8 Reisewagen  à  600 =  4,800
8 do. geringere à 300 =  2,400
100 Güterwagen à 200 = 20,000
                      ─────────
                       27,200 à 10%      „   = 2720
```

Tägliche Unkosten:

```
6 Konbukteure  à 1 Th. = 6
12 Gehilfen    à 12 Gr. = 6
12 Arbeiter    à  8 Gr. = 4
3½ Tonne Steink. à 5 Th. = 17 Th. 12 Gr.
Schmiere u. sonstige Auslagen  6 „ 12 „
                              ────
                               40
```

auf 365 Tage 14,600	23,320	„
Zuschuß für unvorhergesehene Ausgaben	4,155	„
zusammen	52,475	„
Reine Einnahme als Dividende	140,000	Th.

140,000 Thaler rein würden auf ein Anlagekapital von
1,000,000 Thaler 14 Prozent Dividende machen.

Sollte aber die Compagnie das nach Art. XVII. des anliegenden Entwurfs vorgeschlagene Privilegium, für 1,000,000
Thaler Banknoten auszugeben, und dagegen statt baren
Geldes Hypotheken auf Grundeigentum einzulegen, erhalten
und benutzen, so dürfte die bare Einlage von einem Drittel
des Anlagekapitals zureichen, sämtliche Anlagekosten der
Bahn und der Transportmittel zu bestreiten.[1] Die daraus

---

[1] Die Compagnie könnte ohne Zweifel mit den Herren Bankiers
von Leipzig und Dresden Übereinkommnisse treffen, nach welchem gegen

den Aktionären erwachsenden Vorteile dürften also leicht die oben berechnete Dividende verdoppeln.

Doch, hätte ich dieses ganze Werk auf eigene Rechnung herzustellen, so wäre ich weit entfernt, 1,000,000 Thaler aufzuwenden. Eingedenk des bedeutenden Umstandes, daß von dem Gelingen desselben nicht nur die weiteren Unternehmungen in Sachsen, sondern für geraume Zeit der Kredit der Eisenbahnunternehmungen in ganz Deutschland abhinge, würde ich den sichersten Weg einschlagen, würde ich die höchst mögliche Dividende zu erlangen streben. Mein Kostenüberschlag betrüge nicht mehr als 40,000 Thaler per Meile, womit ich eine Bahn herstellen wollte, welche für 7—10 Jahre allen Bedürfnissen des Verkehrs zwischen Dresden und Leipzig vollkommen genügen, und die dabei doch kein schlechtes Machwerk, sondern die solide Vorarbeit eines höchst soliden, für alle Zeiten dauernden Werks werden sollte. Von den aufgewandten 500,000 Thalern müßte höchstens das Holzwerk, im Betrag von etwa 50,000 Thalern, nach Verlauf jener Zeit unbrauchbar sein, wogegen, wie hiernach bewiesen werden soll, mehr als 500,000 Thaler erspart würden.

Die Arbeiten an den Eisenbahnen betreffen entweder die Herstellung der Fläche, oder des Fundaments, oder der Bahn selbst:

I. Fläche.

Eine horizontale Fläche ist natürlich die wünschenswerteste Lage der Bahn. Im Fall jedoch aller Transport abwärts geht, ist ein gleichförmiger Fall von ungefähr

---

gewisse Provision die Inumlaufsetzung und Auswechslung der Noten gegen bares Geld von ihnen übernommen, und so der Compagnie die Haltung einer eigenen Wechselkasse erspart würde. Es wäre zu wünschen, daß die Compagnie der Nürnberg und Fürther Eisenbahn ein solches Privilegium nachsuchte, und überhaupt den Versuch machte, den Betrag ihres Anlagekapitals vermittelst Banknoten in Cirkulation zu bringen.

90 Fuß in der deutschen Meile (wie etwa beim Steinkohlen=
transport von Zwickau nach Leipzig) ebenso vorteilhaft, weil
Pferde oder Maschinen bei einem solchen Fall die vollen
Wagen ebenso leicht abwärts ziehen, als die leeren aufwärts.
Nach neueren Entdeckungen soll übrigens eine wellenförmige
Oberfläche noch viel vorteilhafter sein, als die horizontale,
was man jedoch in dem vorliegenden Fall dahingestellt sein
lassen kann, da die Natur hier die letztere nach allen Rich=
tungen gegeben hat. Geringes Steigen der Bahn macht
beim Dampfwagentransport wenig Hindernis, ist es aber
bedeutend, so schadet es der Brauchbarkeit derselben außer=
ordentlich. In solchen Fällen sucht man die Ungleichheit der
Fläche durch schiefe Flächen zu überwinden, d. h. man steigt
an einem gelegenen Ort vermittelst Maschinerie auf einmal
hinauf oder herab, wie etwa bei den Kanälen vermittelst
Schleusen, um für den übrigen Weg eine möglichst horizon=
tale Fläche zu erzielen. Überdies müssen Krümmungen, ins=
besondere kurze Krümmungen, so viel wie möglich vermieden
werden, weil dadurch der Transport sehr erschwert wird.
Der kleinste Radius an der Manchester= und Liverpool=Eisen=
bahn beträgt 540 Fuß, der größte 1500.

Dieser Teil der Arbeit, wie leicht zu erachten, ist der
wichtigste und nach Befinden der Umstände der schwerste oder
der leichteste, der wohlfeilste oder der teuerste von allen. Auf
die größere oder geringere Vollkommenheit der Fläche kommt
es an, wie weit die Eisenbahn in Vergleichung mit den
Chausseen und Kanälen vorteilhaft sein wird oder nicht; denn
auf einer horizontalen Fläche kann ein Pferd 15—20 Tonnen
(3—400 Centner) ziehen, während es bei sehr starkem
Steigen der Bahn so wenig oder noch weniger zieht als auf
einer Chaussee. Auf die Beschaffenheit des Terrains kommt
es an, ob die Bahn um wenige tausend Thaler per Meile,
100,000—200,000 Thaler und noch mehr kosten wird, wie
z. B. bei den ersten 6 Meilen der Baltimore= und Ohio=
Eisenbahn, wo aus Rücksichten der städtischen Handelspolitik

Thäler ausgefüllt, und Hügel durchschnitten werden mußten; oder wie bei der von Herrn von Gerstner zwischen der Donau und Moldau erbauten (15 Meilen), wo für die Straße 600,000 Gulden C. M. und dabei für unvorhergesehene Fälle 200,000 Gulden, also im ganzen für die Herstellung der Fläche 800,000 Gulden; für die Bahn dagegen (Holz und Eisen) nicht mehr als 162,000 Gulden in Berechnung genommen worden sind.[1])

An diesem Teil der Arbeit läßt sich vernünftigerweise wenig oder nichts sparen und daran darf auch hier nichts gespart werden: erstens, weil dadurch der Zweck verfehlt würde, vorzüglich aber zweitens, weil auf 8—9 Meilen die horizontale Fläche schon von Natur besteht, und ihrer Herstellung auf dem übrigen Teil der Route keine bedeutenden Hindernisse im Wege stehen.

II. Fundament.

Auch diese Arbeit kann enorme Kosten verursachen, wenn, wie z. B. bei der Liverpool- und Manchester-Eisenbahn, die Route durch bodenlose Sümpfe führt. In festem Grund werden für massive Eisenbahnen 2 Fuß tiefe und 1½ Fuß breite Gräben gemacht, und mit klein geschlagenen Bruchsteinen ausgefüllt, darauf werden Quadersteine gelegt, auf welchen gußeiserne Untersitze befestigt werden. Bei hölzernen mit Eisen beschlagenen Bahnen ist auch diese Arbeit überflüssig. In Amerika legt man Querhölzer (Sleepers) geradezu auf den bloßen Kiesstein- oder Erddamm, nachdem er sich gehörig festgesetzt hat.

Ist dieser Damm tüchtig, so helfen Grundmauern wenig, die Bahn fester zu machen. Auch ist Herr von Gerstner, der die englisch-amerikanische Weise dadurch verbessern wollte, daß er die Dämme inwendig mit Mauern aufführen ließ, nach seiner neuesten Schrift[2]) von dieser vermeintlichen Ver-

---

1) Über die Vorteile der Unternehmung einer Eisenbahn zwischen der Moldau und Donau, von F. A. v. Gerstner 1829. S. 80.
2) Gerstner, a. a. O. S. 39.

besserung wieder zurückgekommen. Diese Arbeit wird auf unserer Route mit Ausnahme der Brücken, soweit die Linie von Natur eine horizontale Fläche darbietet, also 8—9 Meilen weit höchstens 3000 Thaler, und weiterhin auch keine außerordentlich großen Summen kosten.

III. Die Bahn (Superstructure, Oberbau).

Massive Eisenbahnen haben, wie oben bemerkt, Unterlagen von Quadersteinen, die auf einem Fundament von Bruchsteinen ruhen. In diese Quader sind gußeiserne Sitze eingefügt, worin massive Schienen von gewalztem Eisen ruhen, und vermittelst welcher diese Schienen unter sich verbunden sind. Bahnen von eisenbeschlagenen Granitblöcken haben dasselbe Fundament. Eisenbeschlagene Holzbahnen ruhen entweder auf einem ähnlichen steinernen Fundament oder auf Querhölzern, die auf dem bloßen Erddamm liegen.

In England, wo Holz teuer, Eisen wohlfeil, Kapital im Überfluß und der Transport groß ist, baut man meistens massive Bahnen und thut wohl daran, denn man richtet sich nach den besonderen Verhältnissen des Landes. Den großen Aufwand der Eisenbahnen in jenem Lande verursachen nicht die Kosten der Arbeiten Nr. III., sondern, wegen des durchaus sehr coupierten Terrains, die Kosten Nr. I und II, woran vernünftigerweise nichts zu sparen ist.

In Nordamerika, wo Holz wohlfeil, Eisen und Arbeitslohn teuer, Kapital nicht selten, aber gesucht, folglich der Zinsfuß hoch ist, und wo der Transport erst durch den Einfluß der Bahn bedeutend werden soll, der, wie mächtig er auch am Ende sein mag, doch nur allmählich sich zeigt, spart man an der Arbeit Nr. I nichts, weil dies dem Zweck der Eisenbahn zuwiderliefe, dagegen macht man den Oberbau von Holz und thut ebenfalls wohl daran, weil die Verhältnisse des Landes diese Bauart gebieten.

Man legt den Weg für zwei Paar Geleise an, stellt aber nur ein Paar Geleise auf diese leichte und wohlfeile Weise her, indem man den Raum für das zweite Paar leer läßt.

Da die Interessen dieser wohlfeilen Anlage sehr gering sind, so werden leicht gute Dividenden gemacht. Durch den wohlfeilen Transport steigt im Lauf von einigen Jahren der Verkehr, folglich das Einkommen, so, daß man alsdann die zweite Bahn mit Vorteil massiv bauen kann. Da man hierzu allen Bedarf an Bruch- und Quadersteinen und an Eisen ꝛc. auf der Holzbahn leicht und wohlfeil und ganz gelegentlich herbeischafft, so kann man die zweite um so solider bauen und so viel oder noch mehr an Fuhrlohn ersparen, als alles Holzwerk an der wohlfeilen Bahn gekostet hat. Überdies wird die wohlfeile Bahn so schnell fertig werden, daß man um ein oder zwei Jahre früher die Vorteile und Einkünfte derselben zu genießen haben wird.

Kein Sachverständiger, der nicht bloß das Technische der Sache, sondern auch die national-ökonomische und finanzielle Seite derselben ins Auge faßt, wird bestreiten, daß dies echte und weise Ökonomie sei. Auch Nichttechniker werden sich hierüber ein günstiges Urteil erlauben, wenn sie versichert werden können, daß eine eisenbeschlagene Holzbahn von tüchtigen eichenen Schienen 7—10 Jahre lang so gute Dienste leistet, als die massive, und ebensogut mit Dampfmaschinen zu befahren ist.[1])

---

1) Die Mauch-Chunk-Eisenbahn, die nur fünf Meilen von der unserigen beginnt, die ich also genau kenne, liegt auf einer verlassenen Chaussee und hat nur 2700 Dollar per englische Meile gekostet. Seit dem Jahr 1827 in Operation, hat sie jährlich von 50,000—100,000 Tonnen Steinkohlen transportiert, und im letzten Jahr noch so gute Dienste gethan, als im ersten. Da die Gegner der Eisenbahnen für die Abnutzung des Eisens große Summen in Anschlag nehmen, so habe ich die Schienen dieser Bahn gemessen und gefunden, daß mit menschlichen, unbewaffneten Augen und gewöhnlichen Meßwerkzeugen eine Verminderung der Dicke der Schienen nicht wahrzunehmen ist. Diese Bahn hat im Lauf der letzten 7 Jahre von einem Transport von ungefähr 500,000 Tonnen (sie hätte ebensogut das drei- und vierfache transportieren können) à 2 Cents per Tonne und Meile, was der gewöhn-

In Deutschland sind die Gründe für Holzbahnen noch stärker als in den Vereinigten Staaten. Hier ist das eichene Holz nicht teuer, Eisen verhältnismäßig hoch, Arbeitslohn niedrig, Kapital nicht im Überfluß; der Verkehr soll erst durch den Einfluß des erleichterten Transports erweitert, vor allem aber das Vertrauen in diese Verbesserung im Publikum erst gepflanzt werden. Mit diesen Ansichten stimmt ganz der in der Sache praktisch erfahrene Herr v. Gerstner überein. Er selbst hat diesen Plan mit Erfolg in Anwendung gebracht.[1]) Nach seiner Berechnung hätte eine massive Bahn zwischen der Donau und der Moldau 52,000 Gulden C. M. per Meile gekostet, während eine hölzerne mit Eisen beschlagene nur auf 12,000 Gulden per Meile kam (das Holzwerk ist hierbei nur zu 4000 Gulden per Meile in Anschlag gebracht), folglich ward eine reine Ersparnis von 40,000 Gulden per Meile erzielt.[2])

---

liche Bahnzoll ist, 10,000 Dollars per Meile verdient, also beinahe viermal mehr als sie gekostet hat.

1) v. Gerstner, a. a. O. pag. 45.

2) Derselben Ansicht sind auch die Herren Leon Coste und August Perdonnet, die wegen der Eisenbahnen ganz England bereist haben. Sie sagen in ihrem Memoires sur les chemins a ornières (Paris Bachelier 1831. S. 17.) Nous pensons que ce genre de chemins est surtout a conseiller lorsqu'au bas prix du bois et au prix élevé du fer ee joint la circonstance d'un transport peu considerable. On en a construit un a tres peu de frais auprès de Saint Etienne. Weiter bringen diese Herren nicht in die Sache ein.

Ein gründlicheres Urteil fällt darüber Ephraim Beach, Civilingenieur in seinem Bericht an die Kommissare der Susquehanna- und Delaware-Eisenbahn vom 31. Dezember 1831. Er sagt: „And although stone blocks may conveniently be obtained for the support of wooden string pieces upon the plan adopted by the Mohawk and Hudson Railroad Company — Or stone sills, superceding entirely the use of wood, upon the plan adopted by the Baltimore and Ohio company on part of their road, suitable stone abounding in the valleys; yet for various reasons timber should be preferred in the first construction:

1. As a matter of economy, costing from 2000 to 3000 Dollars per miles less than the other plans.

Nehmen wir statt der dort berechneten österreichischen Gulden C. M. wegen des höheren Arbeitslohns, der höheren Preise ꝛc. in hiesiger Gegend ebensoviele Thaler in Berechnung, so beliefe sich die zu erzielende Ersparnis auf der Route zwischen Leipzig und Dresden auf 13 Meilen 520,000 Thaler, also in den ersten sieben Jahren:

an Interessen à 5 Proz. 26,000 Thlr. jährlich = 182,000
Zwischenzinse 42,000

Die Bahn käme wenigstens 18 Monate früher in Operation, während welcher Zeit ein Reinertrag erworben würde à 140,000 210,000

Zinse und Zwischenzinse 71,000

Durch die gelegentliche Herbeiführung der Bruchsteine und vorzüglich der Quadersteine, welche von dem einen Ende der Bahn (von Dresden aus) längs der ganzen Route verführt werden müßten, und endlich des Eisens würden wenigstens erspart 50,000

folglich betrüge die Ersparnis im ganzen in 7 Jahren 555,000 oder 35,000 Thaler mehr als eine ganz massive Bahn nach 7 Jahren herzustellen kosten würde.

2. Shonld any unevenness occur in the roadbed in the line of the way, to which a new road is very susceptible, it is much more easy to adjust it.
3. By the time the roadbed is properly settled and business requires a second track the various plans now in progress of construction will be tested and the selection may then be dictated by actual esperience, and
4. Great economy and advantage will be derived from this in delivering upon the spot the materials for a permanent superstructure.

Man sieht Ephraim Beach verwirft nicht bloß eiserne Rails, sondern auch Tragsteine (sills), obgleich sie in den benachbarten Thälern zu haben wären, aus den von uns angeführten Gründen. Man bedenke nur, was das Fuhrlohn für Pirnaer Steine ausmachen würde, wenn man sie schon im Anfang auf der ganzen Route zu diesem Zweck gebrauchen wollte, und wieviel wohlfeiler sie kommen würden, nachdem die eisenbeschlagene Holzbahn hergestellt sein wird.

über ein sächsisches Eisenbahn=System ꝛc.

Die Kosten einer Bahn, wie ich sie bauen würde, selbst im Fall ich über eine Million zu verfügen hätte, wäre es auch nur um ein Beispiel aufzustellen, wie auf minder günstigen Routen mit Vorteil Eisenbahnen anzulegen und wie auf so günstigen wie diese, die möglichst höchsten Dividenden zu erzielen sind, stellen sich auf folgende Weise:

Vorausgesetzt die ganze Strecke von Leipzig nach Dresden wäre so beschaffen wie von Leipzig nach Oschatz, oder von Leipzig nach Halle oder Wittenberg und es wären weder Brücken noch schiefe Flächen anzulegen, so würde die Bahn kosten:

Grund und Boden, 20 Fuß breit, 12 Acker
 à 40,000 □Fuß, 250 Thaler per Acker oder
 3000 Thlr. per Meile; auf 13 Meilen in runder
 Summe   40,000
Zuschuß für außerordentliche Fälle   30,000
Herstellung des Wegs auf der horizontalen
 Fläche . . . . à 3000 Thlr. =   39,000
Holz: Rails — 50,000 laufende
 Fuß per Meile à 1½ ggr. . . 3125
Querhölzer je auf 3 Fuß 1 Stück
 also 8000 à 5 ggr. 1666
Eisen: Schienen nebst Zubehör 50
 Tonnen per deutsche Meile, die
 bei gegenwärtigen wohlfeilen Prei-
 sen für 60—70 Thlr. zu haben
 sein dürften à 80 4000
Für Ausweichplätze, Übergänge über
 die Straßen und unvorhergesehene
 Ausgaben 3209
 ─────
 12,000

(welche Berechnung mit der von Herrn v. Gerstner ganz übereinstimmt. Herr v. Gerstner nimmt nämlich wie oben bemerkt, für diese Arbeiten 12,000 Gulden C. M. an.)

 auf 13 Meilen à 12,000 Thlr. . . 156,000
 ───────
 265,000

folglich bliebe übrig: für Brücken, für Abgrabungen
und Dämme auf dem weniger günstigen Teil der
Bahn, für eine schiefe Fläche von der Ebene ins
Elbthal und für Maschinerie: 235,000
500,000

Wie hoch sich die zuletzt aufgeführten Kosten, wofür mir
nach obiger Berechnung noch 235,000 Thaler übrig bleiben,
in der Wirklichkeit belaufen, kann erst berechnet werden,
nachdem die Route bestimmt, ausgesteckt und genau ver-
messen sein wird. Sollte aber eine der bereits vorhandenen
Brücken zum Übergang über die Mulde benutzt und der
schwierige Punkt bei Meißen dadurch vermieden werden
können, daß die Bahn erst oberhalb Meißen sich in das
Elbthal neigen und auf dem linken Ufer der Elbe Dresden
erreichen würde; so erscheint die oben angenommene Summe
viel zu groß. Wie ungünstig aber auch diese Umstände sich
am Ende herausstellen mögen, so wird doch wohl kein sehr
bedeutender Zuschuß erforderlich sein.[1])

Dem anliegenden Entwurf ist Form und Inhalt der
„Akten" wie sie in England und Nordamerika in solchen
Fällen von der gesetzgebenden Gewalt erteilt zu werden
pflegen, zu Grunde gelegt, wobei diejenigen Abänderungen getroffen worden sind, welche Verfassung und Verhältnisse des
Königreichs Sachsen zu fordern scheinen. Außergewöhnlich
ist es in den angeführten Staaten: die städtischen Korporationen besonders zu autorisieren, durch Aktienunterzeichnung
an den öffentlichen Werken teilzunehmen (Art. VII), die
Aktiengesellschaft zu autorisieren, Banknoten auszugeben
(Art. XVII) und ihr noch überdies gewisse Prozente zu
garantieren (Art. XVIII), aber auch die jenen entgegen-

---

1) Folgendes wäre ungefähr das sehr günstige Profil der Bahn:

Leipzig   11 Meilen

schiefe Fläche   2 Meilen.   Dresden.

stehende Bestimmung, daß der Staat sich einen gewissen Anteil an den Dividenden bedingt (Art. XVIII).

Auch in diesem Lande ist übrigens keine jener außergewöhnlichen Bestimmungen von wesentlicher Bedeutung. Man könnte sie samt und sonders durchstreichen und die übrigen Artikel würden ohne Zweifel noch immer Großes wirken; obschon in diesem Fall Sachsen und Deutschland die Wohlthaten der Eisenbahnen bedeutend länger entbehren dürften. Eine genaue und offizielle, durch die Kenntnisse des Publikums unterstützte, und durch die Publizität der Verhandlungen beförderte Untersuchung aller mit dieser Sache verbundenen Verhältnisse an und für sich würde, ich bin es versichert, in Verbindung mit dem Beispiel und den Erfahrungen anderer Staaten, früh oder spät den schlafenden Unternehmungsgeist bei den sächsischen Kapitalisten wecken. Es ist daher durchaus kein Grund vorhanden, den ganzen Vorschlag zu verwerfen, im Fall eine oder die andere dieser Bestimmungen mißfiele.

Ich führe inzwischen in gedrängter Kürze an, was sich für die Beibehaltung derselben sagen läßt:

Die Autorisation der städtischen Korporationen zur Subskription von Aktien vermittelst einer Gesetzesakte ist in England und Nordamerika nicht üblich, weil sich dieses Recht der Korporationen von selbst versteht.

Die amerikanischen Städte befördern wohlthätige Anstalten und gemeinnützige Unternehmungen aller Art nach Gutdünken; nur die Unternehmung selbst, will sie die Rechte einer für sich bestehenden öffentlichen Körperschaft erlangen, bedarf einer Charte, also einer Akte, bei deren Erteilung übrigens die gesetzgebende Gewalt sich aller Untersuchung enthält, ob die betreffende Stadt oder Korporation auch klug handle, ein solches Unternehmen zu unterstützen — das Recht der Kommunen, ihre Korporationsangelegenheiten selbst zu verwalten, ist dort eben so unverkümmert, als das Recht majorenner Individuen, zu freier Verwaltung ihres

Privateigentums — und nur in Erwägung zieht, ob nicht
das Unternehmen selbst den Interessen des Staats und den
Rechten der Individuen zuwiderlaufe. So haben, ohne
irgend einer Autorisation zu bedürfen, mehrere Städte,
namentlich Baltimore, auf eine bedeutende Anzahl von
Aktien in Eisenbahnen und Kanälen unterzeichnet, in welchen
die ganze Kommune interessiert war, wobei aber die Mittel
und der Unternehmungsgeist der Privaten nicht ausreichten.
So hat ferner Herr Rush, vormaliger Schatzkammersekretär,
im Jahre 1828 für den Ohio- und Chesapeak-Kanal in
Amsterdam ein Anlehen von 1 Million Dollars negoziert,
nicht als Staatsbeamter, sondern geschickt und bezahlt von
der Stadt Washington, welche, da sie in der Unternehmung
äußerst interessiert war, für das Anlehen Garantie leistete.
Gleichen Grund hätten die Städte Leipzig und Dresden, im
Fall der Unternehmungsgeist oder die Mittel der Kapitalisten
nicht zureichten, das Unternehmen auszuführen, und es ist
nicht einzusehen, warum die Staatsgewalt diese Korporationen verhindern sollte, sich in ein Unternehmen einzulassen,
welches in den ersten 10 Jahren seines Bestehens den Wert
des liegenden Eigentums, die Gewerbe, die städtischen Re-
venüen und das Wohlbefinden der ärmeren Volksklassen
wenigstens um 25 Prozent verbessern, und sie überdies nach
aller Wahrscheinlichkeit, durch den daraus hervorgehenden
finanziellen Gewinn, in den Stand setzen würde, ihre älteren
Schulden zu tilgen.

Bankprivilegien waren, als in den Vereinigten Staaten
Kanäle und Eisenbahnen an die Tagesordnung kamen, schon
zu viele zwecklos vergeudet worden, als daß man so nützlichen Unternehmungen einen Teil an diesen Goldgruben
hätte zuwenden können. Es hatte sich ferner längst schon
gezeigt, daß die Meinungen derjenigen, welche lehren, man
könne ohne alle Gefahr die Wertzeichen in infinitum vermehren, und es komme nicht darauf an, wie das Verhältnis
dieser Wertzeichen zum baren Gelde stehe, eine ebenso irrige

als gefährliche sei. Großes Unglück war geschehen und die Überzeugung allgemein geworden, es gebe auch in dieser Sache gewisse Grenzen, die ungestraft nicht überschritten werden dürften. Die Gesetzgebungen suchten daher die Bank= privilegien eher einzuziehen als zu vermehren und der da= durch von ihnen beabsichtigte Zweck ward vollkommen er= reicht. Seit vielen Jahren hört man keine Klagen mehr über das Bankwesen, dagegen bemerkt der aufmerksame Nationalökonomist, selbst in den abgelegensten Teilen des Landes, Wirkungen davon, die ihn in Erstaunen setzen. Der Staat Pennsylvanien hat gegenwärtig an 22 Orten Banken. Ihre Zahl, da sich an bedeutenderen Orten zwei und mehrere befinden, dürfte sich auf ungefähr 35 belaufen, und die Quantität der cirkulierenden Papiere auf 15—20 Millionen Dollars. Man sieht, wie herrlich diese Noten den Kanal= und Eisenbahnunternehmungen zu statten gekommen wären. Auf der andern Seite hätte auch das Bankinstitut bedeutend gewonnen, wäre der Grundsatz ausgesprochen worden: nur diejenige Summe dürfe an Banknoten kreiert werden, welche erweislich in öffentliche Unternehmungen verwendet worden, und dieselbe sei außerdem noch so lange durch Hypotheken, oder sonstige Werte und Garantien zu decken, bis jene Unternehmungen nachhaltig und voll rentieren, also für sich schon volle Sicherheit gewähren. Was aber einmal ver= schleudert war, konnte nicht noch einmal weise verwendet werden. Anders ist die Lage der Dinge hier. In ganz Deutschland (Österreich ausgenommen) cirkulieren meines Wissens nur preußische Noten, deren Totalsumme, wie man sagt, sich nur auf 17 Millionen Thaler beläuft, also kaum auf den sechsten Teil dessen, was allerwenigstens in ganz Deutschland cirkulieren könnte und sollte. Hier bleibt dem= nach noch die Disposition über Summen, welche zureichen, ganz Deutschland mit Eisenbahnen zu überziehen, und neben= bei die Industrie von 20 Millionen Menschen zu stimu= lieren, vorausgesetzt die Regierungen befassen sich nicht un=

5

mittelbar mit dieser Sache, sondern begnügen sich, das Bankprivilegium, als Mittel und Preis zugleich, an Aktiengesellschaften zu vergeben, welche eine für die solide Führung solcher Geschäfte erforderliche Bürgschaft zu leisten vermögen. So würde allmählich mit der Erweiterung der Transportmittel auch die Erweiterung der Cirkulationsmittel vor sich gehen und wären die Eisenbahnen so weit vorgerückt, daß ein Staat den andern mit seinen Bahnen erreichte, so würde auch schon die Idee einer Nationalbank zur Ausführung reif sein, wodurch in den deutschen Binnenverkehr erst Schwungkraft und Gleichförmigkeit der Bewegung käme. Diese Rücksichten und diese Aussichten schienen mir gewichtig genug, um zu einem Versuch zu raten. Risiko ist dabei nicht das geringste; was aber sonst der Sache entgegenstehen sollte, weiß ich nicht.

Durch die Garantie von 4 Prozent soll dem Staat keine Last aufgebürdet, sondern ein bleibendes Benefiz zugesichert werden. Denn es ist höchst unwahrscheinlich, daß die Eisenbahn weniger als 4 Prozent einbringt, dagegen aber sehr wahrscheinlich, daß sie schon in den ersten Jahren 10—15 abwirft. Gegen die vorstehenden Berechnungen Zweifel zu erheben, ist leicht, damit ist aber wenig gegen unsere Argumente ausgerichtet, wenn wir beweisen, daß unsere Reservemittel zureichen, alle möglichen Ausfälle zu decken. Ich habe oben die Fracht der Handelsgüter zu 6 gGr. angenommen, folglich 100 Prozent niedriger als sie gegenwärtig steht. Gesetzt nun, die Compagnie könnte nicht bei diesem Tarif bestehen: könnte man billigerweise von ihr verlangen, sie sollte das Publikum 100 Prozent an den Frachten gewinnen lassen, während sie selbst noch mit Verlust arbeitet? Gewiß nicht. In einem solchen Fall würde die Compagnie mit ihrem Tarif nur so weit herabgehen, als nötig wäre, um das Publikum zu vermögen, die Eisenbahn vorzuziehen, wozu schon eine Reduktion von 2 gGr. oder 16 Prozent zureichen würde. Ich habe ferner in der Voraussetzung, daß

sich die Zahl der Reisenden verdopple und verdreifache, das Fahr=
geld zu ³/₄ und 1¹/₂ Thaler die Person bestimmt, also 200—300
Prozent geringer als die gegenwärtigen weit unvollkomme=
neren Reisegelegenheiten kosten, abgesehen von dem geringeren
Aufwand an Zeit und Zehrung. Es wäre unbillig, von
der Compagnie eine solche Liberalität zu erwarten, so lange
sie noch selbst im Verlust ist. Diese Taxe könnte man leicht
um das Doppelte und 1¹/₂ fache erhöhen, ohne befürchten zu
dürfen, daß die Eisenbahn verlassen bliebe. Ich habe end=
lich nur 6000 Thaler für den Transport von Steinen,
Steinkohlen ꝛc. angenommen, während derselbe auf 40,000
bis 50,000 Thaler gesteigert werden könnte. Die Zugkosten
einer Tonne Pirnaer Steine (20 Centner, die hier ungefähr
eine Roßlast ausmachen) von Dresden bis Leipzig werden
sich vermittelst Dampfmaschinen auf 13 Groschen belaufen.
Dazu kann die Compagnie noch 23 Groschen per Tonne
Bahnzoll und Gewinn auflegen und die Roßlast wird den=
noch in Leipzig nur um 1¹/₂ Thaler höher kommen als in
Dresden. Daß zu so billigen Preisen 30,000—40,000 Roß=
lasten dieser Steine jährlich hier Absatz fänden, ist kaum zu
bezweifeln. Ebenso ist es mit den Burker Steinkohlen, die
für 1¹/₂—2 Groschen per Centner hierher gebracht, folglich
zu ansehnlichem Profit verhältnismäßig wohlfeil hier erlassen
werden könnten. Hieraus ist klar, daß diese Bahn jedenfalls
10 Prozent schon im Beginn einbringen wird, sei es durch
bedeutend herabgesetzte Taxen, um größeren Verkehr zu er=
zeugen, oder durch möglichst hochgespannte Taxen, um die
im Anfang sich zeigenden Ausfälle zu decken. Was mich
unter solchen Umständen bestimmt, eine Garantie von
4 Prozent vorzuschlagen, die hier nie in Anspruch genommen
werden wird, und dafür einen gewissen Vorteil der Aktionäre
aufzuopfern, das ist meine Ansicht von den Gesinnungen der
deutschen Kapitalisten in Beziehung auf dergleichen Aktien=
unternehmungen, die sie bis jetzt nur von der unglücklichen
Seite kennen gelernt haben. Ihnen ist Sicherheit, wie billig,

die Hauptsache, wogegen sie auf ganz außerordentliche Profite gern Verzicht leisten. Eine große Zahl derselben ist überdies durch besondere Pflichten gebunden, sich in nichts einzulassen, womit Risiko verbunden ist. Diese Garantie, verbunden mit der mäßigen Vermehrung der Dividenden, werden sie daher den glänzendsten Aussichten vorziehen. Auf der andern Seite kann der Staat in Beförderung der innern Kommunikation nie zu viel thun. Ein Land ohne Kommunikationen ist ein Haus ohne Treppen, ohne Thüren und Gänge. Es ist fast unglaublich in den alten Ländern, weil hier Ursache und Wirkung nicht so klar hervortreten als in neuen Ansiedlungen, wie sehr durch die Kommunikation alle Grundstücke 2c. im Wert gehoben, und alle Zweige der Industrie ermutigt werden. Die Eisenbahnen aber, die um so viel mehr und um so viel schneller wirken als Chausseen und Kanäle, werden auch hier bald einen Begriff von diesen außerordentlichen Wirkungen geben.

Nach den Erfahrungen, die ich hierin gemacht habe, dürfte ein allgemeines Eisenbahnsystem im Königreich Sachsen in den ersten Jahren den gesamten Wert des Grundvermögens im Königreich und die gesamte Nationalproduktion mindestens um 10 Prozent vermehren. Was ist bei so großem Interesse eine Garantie, die im unglücklichsten Falle in den ersten Jahren einen Zuschuß von etlichen Tausend Thalern verursacht, während sie dem Ärarium für alle Zeiten eine bedeutende und mit jedem Jahre wachsende Revenue sichert?

Ich unterwerfe jedoch diese Ansicht, sowie alles, was ich in gegenwärtiger Schrift zu erörtern mir die Freiheit genommen, der höheren Weisheit Ew. und beharre 2c.

F. L.

II.
Entwurf
eines

Gesetzes zum Zweck der Bildung von Aktien-Gesellschaften

zu Erbauung einer Eisenbahn

zwischen Leipzig und Dresden

und

zu Anlegung von Eisenbahnen im Königreich Sachsen überhaupt.

Art. I. Es wird eine Kommission ernannt unter dem Namen: Eisenbahn-Kommission des Königreichs Sachsen, bestehend aus folgenden Personen: (folgen die Namen der angesehensten Bankiers, Kaufleute, Buchhändler, Spediteure, Fabrikanten, Mitglieder des Rats, sowie des Handels und der Industrie kundiger Staatsbeamten zu Dresden und Leipzig).

Art. II. Es soll Obliegenheit dieser Kommission sein, Untersuchungen anzustellen, inwiefern die Anlegung einer Eisenbahn zwischen den beiden Städten Dresden und Leipzig vorteilhaft und ausführbar sei. Sie soll zu diesem Zweck Erkundigungen einziehen, wie hoch sich der jährliche Transport an Waren, Bau- und Brennmaterialien, Lebensmitteln und sonstigen Verkehrsartikeln auf dieser Route belaufe; wie viele Reisende hin- und hergehen, wie viele Personen in den beiden Städten jährlich die Eisenbahn für kürzere oder längere Spazierfahrten (namentlich zur Meßzeit) benutzen würden:

und soll demnach berechnen, wie hoch die mutmaßliche Einnahme einer Eisenbahn auf dieser Route sich belaufen dürfte, wobei die von der größeren Schnelligkeit, Wohlfeilheit, Annehmlichkeit und Sicherheit des Reisens und des Transports zu erwartende Vermehrung des Verkehrs und der Passagiere in billigen Anschlag zu bringen ist.

Sie soll sofort unter Zuratziehung von Kunstverständigen einen Kostenüberschlag einer einfachen Bahn entwerfen, welcher in der Folge, wenn die Vermehrung des Verkehrs es notwendig machen sollte, eine zweite Bahn beigefügt werden könnte.

Art. III. Gedachte Eisenbahn-Kommission soll in zwei Sektionen geteilt sein, nämlich in die von Dresden und die von Leipzig. Jede dieser beiden Sektionen soll zum Behuf der erforderlichen Vorarbeiten und der Vollziehung der Beschlüsse der Plenarversammlung unter dem Vorsitze eines durch Stimmenmehrheit aus ihrer Mitte zu erwählenden Präsidenten in jeder Woche eine ordentliche Sitzung halten, und Verhandlungen durch einen aus ihrer Mitte zu erwählenden Sekretär zu Protokoll nehmen lassen.

Die erste Versammlung der Sektionen soll durch das älteste Mitglied berufen werden, welchem auch das Präsidium der Versammlung so lange zukommt, bis die Wahl des Sektionspräsidenten zustande gekommen sein wird. Jeder Sektion soll freistehen, noch fünf weitere Mitglieder, deren Mithilfe und Beirat ihr besonders wünschenswert erscheint, zu sich zu nehmen. Erledigungen durch Todesfälle, längere Abwesenheit, Resignation ꝛc. sollen die Sektionen durch Wahl ergänzen.

Art. IV. Die Plenarversammlung soll abwechslungsweise zu Dresden und Leipzig gehalten werden, und zwar alle zwei Monate, je am ersten Montag des zweiten Monats, oder im Fall Hindernisse einträten, an dem darauf folgenden Montag, wobei die Sektionspräsidenten abwechslungsweise die Stelle des Präsidenten und Vicepräsidenten zu versehen haben. Zur Fassung gültiger Beschlüsse in dieser Versammlung wird wenigstens die Anwesenheit der Hälfte sämtlicher Mitglieder erfordert. Ihre Verhandlungen sollen längstens 8 Tage nach beendigter Sitzung durch den Druck öffentlich bekannt gemacht werden.

Art. V. Sollte sich durch die Arbeiten der Kommission ergeben, daß die Anlegung einer Eisenbahn zwischen Dresden und Leipzig wünschenswert und ausführbar ist, so hat dieselbe, unter Zuziehung von Sachverständigen, die Route zu bestimmen, welche die Eisenbahn zu nehmen hat, sofort dieselbe ungesäumt abmessen und ausstecken zu lassen, und endlich die Pläne und Kostenanschläge dem Ministerium des Innern zur Genehmigung vorzulegen.

Art. VI. Ist diese Genehmigung erfolgt, so sollen die Baupläne und Kostenanschläge nebst den Berechnungen über den mutmaßlichen Ertrag der Eisenbahn durch den Druck bekannt gemacht werden. Zugleich ist das Publikum einzuladen, an einem bestimmten Tag auf den Rathäusern zu Leipzig und Dresden zu erscheinen, und dieses Unternehmen durch Subskription zu unterstützen.

Art. VII. Bei dieser Subskription soll der Sektionspräsident und drei Mitglieder der Kommission gegenwärtig sein.

5000 Aktien, jede zu 100 Thaler, sollen unterzeichnet sein, bevor sich die Gesellschaft konstituieren kann.

Im Fall die Subskription bei der ersten Auflegung der Bücher nicht zureicht, wird die Kommission ihre Bemühungen und Arbeiten fortsetzen, bis der Zweck erreicht ist. Sollte jedoch nach Verlauf des zweiten Subskriptionstermins sich noch keine zureichende Anzahl von Subskribenten gefunden haben, so sollen die städtischen Magistrate dieses Königreichs autorisiert sein, die noch nicht genommene Anzahl von Aktien auf Rechnung ihrer Korporationskassen zu subskribieren und werden sie durch dieses Gesetz ermächtigt, zu Abtragung ihrer Aktien die erforderlichen Anlehen aufzunehmen.

Art. VIII. Vier Wochen nachdem die erforderliche Anzahl von Aktien unterzeichnet sein wird, hat der Präsident durch öffentlichen Aufruf sämtliche Aktionäre zu berufen, und unter dem Beisitz zweier Mitglieder der Eisenbahnkommission die Wahl eines Direktoriums der Eisenbahngesellschaft zu veranstalten.

Art. IX. Nach vollbrachter Wahl soll die Eisenbahnkommission in Beziehung auf dieses Unternehmen als aufgelöst zu betrachten sein. Die Mitglieder derselben erhalten für ihre Dienstleistung keine Belohnung, aber die Summe von . . . Thalern wird von seiten des Staats zu ihrer Verfügung gestellt, um damit die Vermessungskosten und sonstige Ausgaben zu bestreiten, oder auch, wenn sie es für zweckmäßig halten sollten, Versuche im kleinen anzustellen. Diese Summe ist jedoch seinerzeit von der Eisenbahngesellschaft der Staatskasse wieder zu ersetzen.

Art. X. Das Direktorium der Eisenbahngesellschaft soll aus 12 Mitgliedern bestehen. Diese sollen einen Präsidenten, Vicepräsidenten und Sekretär aus ihrer Mitte erwählen. Jedes Jahr soll ein Drittel des Direktoriums austreten und durch Wahl der Plenarversammlung ergänzt werden.

Art. XI. Das Direktorium soll in Leipzig seinen Sitz haben. Dasselbe wird die Sekretäre, Ingenieure, Kassierer und Unterbeamten der Gesellschaft anstellen, ihre Besoldungen bestimmen, ihnen die nötigen Vorschriften geben, sie in ihren Funktionen beaufsichtigen und ihre Rechnungen untersuchen. Auch wird es die Aktienscheine ausstellen, und die Ab- und Zuschreibungen der Aktien besorgen. Zu Abfassung gültiger Beschlüsse wird die Anwesenheit von 7 Mitgliedern erfordert.

Art. XII. Das Direktorium der Eisenbahngesellschaft hat ferner die Befugnis, Bahnzollregulation zu entwerfen und bekannt zu machen, Anordnungen über die Art und Weise des Transports auf der Eisenbahn zu treffen, und überhaupt alles dasjenige zu thun, zu verordnen und zu befehlen, was nötig ist, um die Ordnung auf der Bahn aufrecht zu erhalten, und das Gedeihen der Anstalt zu fördern. Jedoch sollen die Anordnungen desselben den Gesetzen und Einrichtungen des Staats nicht zuwiderlaufen, und nicht in die Rechte der Privaten eingreifen.

Art. XIII. Jedes Jahr wird der Präsident des Direktoriums über den Zustand der Gesellschaftsangelegenheiten einen vor dem 1. November im Druck bekannt zu machenden Bericht erstatten. Von dieser Zeit an bis zum 1. Januar sollen die Rechnungen der Gesellschaft zur Einsicht der Aktionäre in dem Expeditionszimmer des Direktoriums aufgelegt werden.

Art. XIV. Am ersten Montag im Januar jeden Jahres soll hierauf Plenarversammlung gehalten werden, in welcher das ausgetretene Drittel des Direktoriums durch neue Wahl ergänzt wird.

Art. XV. Während des Baues der Eisenbahn soll der Präsident des Direktoriums alle drei Monate einen öffentlichen Bericht über den Fortgang des Werks erstatten. Auch soll das Direktorium während dieser Zeit wöchentliche Sitzungen halten.

Art. XVI. Die Einzahlung der Aktien geschieht in Raten von 10 Thalern, wovon die erste sogleich bei der Subskription zu berichtigen ist. Die folgenden Einzahlungen geschehen nach öffentlicher Aufforderung des Kassierers, infolge eines Direktorialbeschlusses. Wer nach dreimaligem Aufrufe seine Rate nicht bezahlt, wird der sämtlichen Einlagen für verlustig erklärt.

Art. XVII. Zur Erleichterung der Unternehmung und zur Belebung des Verkehrs ist der Eisenbahncompagnie gestattet, eine Million Banknoten zu kreieren, welche bei sämtlichen öffentlichen Kassen als bares Geld anzunehmen sind. Diese Summe soll nie überschritten werden. Auch soll die Compagnie Veranstaltung treffen, daß diese Noten jederzeit von dem Publikum gegen bar Geld ausgewechselt werden können. Für diejenigen Noten, welche die Aktionäre infolge der Notencirkulation nicht in barem Gelde einzahlen dürfen, haben sie zur vollen Sicherheit des Unternehmens und des Publikums gültige Unterpfänder in liegenden Gründen zu stellen oder sonstige durch das Direktorium zu bestimmende Garantien zu geben, wonach also die Inhaber besagter Noten dreifache Sicherheit besäßen: erstens den Wert der Eisenbahn; zweitens den Wert der Unterpfänder und drittens die hiernach bemeldete Garantie des Staats. Jedoch soll es ganz in dem Ermessen der Plenarversammlung dieser Aktiengesellschaft stehen, ob sie von der in diesem Artikel enthaltenen Erlaubnis Gebrauch machen will oder nicht.

Art. XVIII. Ferner garantiert die Staatskasse den Aktieninhabern ein Einkommen von 4 Prozent für eine Million Thaler, also 40,000 Thaler jährlich, wogegen sie in folgender Weise an den Dividenden teilnimmt. Erträgt die Eisenbahn 7 Prozent oder weniger, so sollen dieselben den Aktionären zufallen. Von allen Dividenden über 7 Prozent bezieht der Staat die Hälfte, wogegen der Eisenbahngesellschaft Freiheit von allen sonstigen Lasten, Anlagen und Beschränkungen, sie mögen Namen haben, welche sie wollen, zugesichert wird.

Art. XIX. Noch vor dem Angriff des Werkes wird das Ministerium des Innern Sorge tragen, daß in drei in der Sache nicht beteiligten Amtshauptmannschaften, drei Schätzungsgerichte, jedes aus 9 Personen bestehend, welche durch das Los aus der Zahl der 100 höchst besteuerten Einwohner in der Kreishauptmannschaft gezogen sind, bestellt werden. Diese 9 Personen haben durch Wahl noch 3 weitere Einwohner der Amtshauptmannschaft, welchen sie besondere Kenntnisse und Geschicklichkeit zur Verrichtung der dem Schätzungsgerichte obliegenden Geschäfte zutrauen, zu sich zu nehmen.

Art. XX. Diese Schätzungsgerichte (jedes demnach aus 12 Personen bestehend) haben die betreffenden Amtshauptleute darauf zu beeidigen, daß sie ohne Gunst oder Mißgunst, nach bestem Wissen und Gewissen, die ihnen zukommenden Obliegenheiten erfüllen wollen.

Hierauf sollen dieselben, und zwar jedes für sich, unter Anführung des betreffenden Amtshauptmanns die bereits ausgesteckte Route der Eisenbahn von Anfang bis zu Ende beaugenscheinigen, und den Wert solcher Grundstücke, die wie z. B. Gärten, Baumgärten, Waldungen, Häuser und Gebäude, durch die Eisenbahn ganz oder zum Teil ruiniert werden, vorläufig einschätzen, nachdem sie einerseits die Eigentümer, anderseits den Anwalt der Eisenbahncompagnie über jeden besonderen Fall angehört, und die von beiden Teilen vorgeführten Zeugen und etwa auch die Ortsbehörden über ihre Meinung vernommen haben.

Den hierauf folgenden Beratungen und Beschlußnahmen des Schätzungsgerichts soll niemand beiwohnen, als der Amtshauptmann, welcher in demselben zwar den Vorsitz zu führen, sich aber durchaus keine Einmischung in die Beratungen selbst zu erlauben, sondern seine Thätigkeit einzig auf die Einforderung der Stimmen und Niederschreibung des Schätzungswertes in das zu führende Protokoll zu beschränken hat. Die Schätzungen selbst sind geheim zu halten, bis alle drei Schätzungsgerichte ihre Arbeiten beendigt haben werden.

Art. XXI. In allen Fällen, wo der Schaden sogleich sichtbar, und für den betreffenden Eigentümer von Bedeutung ist, wie z. B. bei Zerstörung eines Gartens, Niederreißung eines Hauses, einer Mühle ꝛc. ist die Entschädigung an barem Gelde sogleich, und noch ehe die Compagnie auf dieser Stelle ans Werk geht, zu leisten.

Art. XXII. In allen andern Fällen, wo der Schade nicht bedeutend, und vor Herstellung des Werks eigentlich nicht mit Bestimmtheit auszumitteln ist, wie z. B. wo die Eisenbahn Äcker, Wiesen oder Haiden durchstreicht, soll die Schätzung des Schadens erst ein Jahr nach Vollendung und

Inswertsetzung der Eisenbahn, auf die im Art. 20 vorgeschriebene Weise vorgenommen werden, bei welcher Gelegenheit auch die in jenem Artikel angeordnete Vorschätzung zu revidieren ist. Den Schätzungsmännern ist dabei vorzustellen, daß sie nur den wirklichen Schaden in Anschlag zu bringen, und also auch zu berücksichtigen haben, wie weit die durch die Eisenbahn berührten Grundstücke durch diese Unternehmung an Wert gewonnen haben.

Die mittlere der drei Schätzungssummen ist sodann von der Eisenbahncompagnie an die betreffenden Privaten als Entschädigungssumme zu bezahlen, nebst 5 Prozent Zinsen von dem Tage an, da die Compagnie ihre Arbeiten auf dem betreffenden Grundstücke begonnen hat.

Art. XXIII. Nachdem die Schätzungsgerichte die Route das erste Mal beaugenscheinigt haben, und der nach dem Gutachten derselben infolge des Art. XXI zu leistende vorläufige Schadenersatz geleistet ist, hat die Eisenbahncompagnie das Recht, über die auf der Route liegenden Acker, Wiesen, Haiden, Waldungen, Baumgärten, Weinberge, Gärten, Häuser und Gebäude nach Gutdünken zu disponieren, auch Holz, Steine, Sand, Lehm oder Erde überall wo diese Materialien sich längs der Route finden, nach Belieben zum Behuf ihres Werkes wegzunehmen und zu verwenden, wobei es sich von selbst versteht, daß die Eigentümer auf eine billige Vergütung Anspruch zu machen haben, welche auf ihr Verlangen und wenn die Parteien sich nicht gütlich darüber verständigen können, von den in Art. XXII erwähnten Schätzungsgerichten ausgemittelt werden soll.

Art. XXIV. In allen Fällen, in welchen nach der mittleren Summe der drei Einschätzungen der, einer und derselben Person zugefügte Schaden über 500 Thaler beträgt, soll den Beschädigten sowohl als der Compagnie gestattet sein, den ordentlichen Weg Rechtens einzuschlagen. Im Fall jedoch die ordentlichen Gerichte keine resp. größere oder geringere Summe als die zuvor eingeschätzte zu Gunsten des

Appellanten erkennen würden, soll derselbe sämtliche Prozeß=
kosten allein zu tragen haben. Im entgegengesetzten Fall sind die
Prozeßkosten von beiden Parteien zu gleichen Teilen zu tragen.

Art. XXV. Nachdem der Zweck der Ernennung einer
Eisenbahncommission in Beziehung auf die Dresdener und
Leipziger Eisenbahn erreicht, und ihre Funktion in dieser Be=
ziehung zufolge des Art. IX erloschen sein wird, hat die
Leipziger Sektion die Arbeiten allein fortzusetzten, die Routen
von Leipzig nach der Elbe in der Richtung von Berlin, von
Leipzig nach Zwickau und Chemnitz, von Leipzig nach den säch=
sischen Herzogtümern in der Richtung von Gotha, und endlich
von Leipzig nach Halle einer ähnlichen Untersuchung zu unter=
werfen, und die Resultate derselben öffentlich bekannt zu machen.

Zu diesem Zwecke steht derselben frei, zehn Personen aus
andern Gegenden oder Städten des Königsreichs Sachsen,
deren Mitwirkung derselben wünschenswert erscheinen sollte,
zu sich zu nehmen, welche Personen das Recht und die Ver=
pflichtung haben sollen, den Sitzungen der Kommission als
ordentliche Mitglieder beizuwohnen.

Art. XXVI. Überhaupt hat jeder Staatsbürger die Ver=
pflichtung auf Vorbescheiden oder schriftliche Requisition der
Kommission, über Gegenstände, die sie zu wissen verlangen
wird, mündliche oder schriftliche, und auf Verlangen eidliche
Auskunft zu erteilen.

Ebenso haben sämtliche Staatsbeamte und Behörden den
auf ihre Verrichtungen sich beziehenden Requisitionen der
Kommission prompt und pflichtmäßig zu entsprechen.

Art. XXVII. Sobald die Dividende der Dresdener
und Leipziger Eisenbahngesellschaft 4 Prozent erreichen oder
übersteigen, folglich die in Art. XVIII bemerkte Garantie
überflüssig geworden sein wird, soll dieselbe auf diejenigen
zwei Routen übertragen werden (und zwar auf jede zur
Hälfte), welche zur Zeit da dieser Fall eintritt, die meisten
Subskriptionen erhalten haben werden.

Ende.